理想の教室

宮澤淳一

マクルーハンの光景　メディア論がみえる

みすず書房

はじめに

これから「三回の授業」という設定で、マクルーハンという人物についてお話しします。予備知識は不要。高校生や大学生だけでなく、どなたでも来聴歓迎です。

マーシャル・マクルーハン（一九一一―一九八〇）は、メディア論の「元祖」とされるカナダ人です。英文学者なのに、一九六〇年代に電子メディアを論じ、その革新的な思想は北米で賛否両論を巻き起こしました。日本でも六七年から翌年にかけて紹介・注目され、「メディアはメッセージである」「ホットとクール」といった彼の言葉が流行し、「マクルーハン旋風」と呼ばれましたが、すぐに忘れられました。当時を知る人がマクルーハンの名を聞けば、懐かしがるかもしれません。彼の存在自体が流行だったのです。

死後十年を経た一九九〇年代以降、マクルーハンは復活します。コンピューターが高度に発達し、情報通信のネットワークで世界各地がつながるようになると、彼が「地球村

（グローバル・ヴィレッジ）」という概念を語っていたことを人々が思い出したからです。彼は「予言者」だったのか、「予言」は当たっていたのか——。そんな疑問からマクルーハン再評価（批判も含めて）が世界的に始まり、二十一世紀に到っています。

しかし、マクルーハンは扱いにくい存在です。メディアや世界や人間の変化をめぐる彼の主張は直観的なもので、厳密な意味での肯定も否定もできないからです。どうも彼の主張は「社会科学」よりも「人文科学」から、特に、文学や芸術の感性で捉え、その想像力やユーモアを楽しみつつ、学べることは学ぶ、といった態度がよさそうに思われます。

この「授業」は、そんな態度を促すための「マクルーハン入門」です。

第1講では、難解とされるマクルーハンのテキストを扱い、その読み解き方を実演します。第2講では彼の生涯と主な著作を概観し、「メディアはメッセージである」という言葉について納得のいく解釈を示します。第3講では少々誤解のある「地球村」の概念を再検討し、彼の思想の芸術面への拡がりについても考えます。

なお、この「授業」では、最新の世界の動きは論じませんし、新しい通信メディアについても（一度の例外を除いて）言及しません。それでもマクルーハンの思想は十分に語れるし、おもしろい。——まずは彼の言葉に耳を傾けてみてください。

目次

テキスト　マクルーハン『外心の呵責』（宮澤淳一訳）

1

西洋人が神経を自分の身体の外側に出すプロセスを始めたのは電信が最初である。それ以前のテクノロジーは、すべて肉体の器官の拡張であった。例えば、車輪は足を自分の外部に出したものであり、都市を囲む城壁は皮膚を集めて外化（outering）させたものである。ところが電子メディアは、中枢神経系の拡張であって、これは包括的で同時的な領域にほかならない。電信の発明以来、私たちは人間の脳と神経を地球全体に拡張させてきた。その結果、電子時代は実に不安な時代となった。人間は、頭蓋骨を内側に入れ、脳みそを外側に出して耐えている。私たちは異様に脆弱になった。米国で電信が商用化されたのは一八四四年。キルケゴールが『不安の概念』を出版した年である。

2

身体のあらゆる社会的拡張に特有の性質とは、そうした拡張がめぐりめぐって発明家たちに戻ってきて、彼らを苦しめるところにある。〈内面のものが苦しめるのではない、拡

3

張によって表面に出たものが苦しめる。「内心の呵責」（agenbite of inwit）ならぬ」外心の呵責（*agenbite of outwit*）である。ナルキッソスが自分自身の外側（投影、拡張）に恋をしてしまったように、人は自分の身体の拡張でしかない最新の小道具や小細工に必ずや恋をしてしまうらしい。自動車の運転をしたり、テレビを観たりするときの私たちは、外部に突き出た自分自身の一部分を扱わなくてはならないことを忘れがちである。そんなとき、私たちは自分たちの作った仕掛けの自動制御装置になってしまい、仕掛けの求める、即時的で機械的な仕方での反応をすることとなる。ナルキッソス神話の要点は、人は自分の姿に恋をする傾向があるということではない。むしろ、自分の拡張に対して、それと知らずに恋をする傾向がある、ということである。これは私たちのテクノロジーすべてに通じる格好のイメージを伝えていると思う。ここから私たちは根本的な問題を突きつけられる。テクノロジーに対する偶像崇拝であり、それは精神的な麻痺が含まれるためである。

　大きな変化の境目に立つ世代は、後世の目から見れば、こうした問題や差し迫った出来事に気づかなかったように思われる。しかし、諸感覚を孤立させ、社会に催眠術を施してしまうテクノロジーの力は理解しなくてはならない。催眠術のやり方は、「一度に一個の感覚」である。本来、私たちの内密な諸感覚は閉鎖体系ではなく、意識と呼ばれる綜合的な体験の中で互いに際限なく転換されていく。ところが私たちの拡張された諸感覚、道具、あるいはテクノロジーは、昔から、相互作用を起こせない閉鎖体系である。すべての新しいテクノロジーは、それが奉仕する領域に合わせるために、感覚の相互作用と認識を弱めていく。つまり、観る者と観られる対象のある種の同一化が起こるのである。観る者を新しい形式や構造に順応させる営みは、革命に最も熱中した人を、革命の原動力に最も鈍感な人に変える。未来とはごく近い過去が大幅かつ大々的に向上したものだと勘違いをさせてしまうのだ。

4 ところが、新しく現われた電子テクノロジーは、閉鎖体系ではない。中枢神経系の拡張として、認識、相互作用、対話を行なう。この電子時代には、テクノロジカルな道具どうしの共存が本当に即時的に起こるという本質が人類史上きわめて新しい危機を生み出した。私たちの拡張された能力や感覚は、今や、単一の体験領域を構成しており、この領域は、能力や感覚が中枢神経系自体のように集合性を意識するようになることを求めている。機械作用の特徴である細分化と専門化は存在しない。

5 新しい電子的な諸形式の本質を知らないと、私たちはそれらに操られてしまう。ここで、新しいテクノロジーが制度化し、手続きの方式に変容する例を挙げたい。一九四二年にドイツの軍需大臣だったアルベルト・シュペーアがニュルンベルク裁判でこう証言した——

電話、印刷電信機、無線電信は、最高位から最下位まで命令を直接下すことができます。最下位では、命令の背後に絶対権威があることから、命令は無批判に実行されます。あるいは無数のオフィスや指令センターは最高指導者と直結していて、いかなる仲介者もなく、忌まわしい命令をそこから受けます。あるいは命令は広範囲に及ぶ市民の監視を生み、あるいは犯罪的な事件を取り巻く高度な秘密を保障します。外部からすれば、この政治機構は電話交換所でのカオスのような混乱に似てみえたかもしれません。しかし、電話交換所同様、一個の中心源から制御と操作ができました。かつての独裁制は、たとえ指導力の水準が低くても、質の高い協力者が求められました。独立して考え、行動できる協力者です。現代の技術の時代、独裁主義体制は、これなしでも成り立ちます。コミュニケーションの手段があるばかりに、副次的な指導体制の仕事が機械化されてしまう。その結果、新しいタイプが生まれます。指令を無批判に受ける人間です。(Quoted in Hjalmar Schacht, *Account Settled*, London, 1949)

テレビとラジオは私たち自身の巨大な拡張であり、言語がかなえてくれるのと同様に、互いの生活への参加を可能にする。しかし、参加の方式はすでにそれぞれのテクノロジーに組み込まれている。この新しい言語は独自の文法をもつのである。

⑥

電子文化によって埋め込まれた思考様式は、印刷文化が培った思考様式とはかなり異なる。ルネッサンス以来、ほとんどの手法や手続きは、知識の視覚的な体系化と適用に重きをおく傾向が強かった。活字印刷による分節化に潜むこの前提が、技能の細分化や社会的な職務の専門化に現われている。リテラシーは直線性に重きをおく。直線性とは一度に一個を認識して、手続きを進める方式である。組み立てラインも、戦闘の隊形、経営の階層性、学術の部門化も、みなここから出てくる。私たちに分析と爆発をもたらしたのは、グーテンベルクである。認識と情報の領域を細分化し、静的な断片にすることで、私たちは驚異的な達成を果たしたのである。

⑦

けれども電子メディアのプロセスは異なる。テレビ、ラジオ、新聞（電信と連繋している点で）は、聴覚空間を扱う。つまり、この空間とは、聴く行為によって生まれた同時的な関係が作る領域である。私たちは一度にすべての方向から音を聴く。これは独特な非視覚的な空間を生み出す。聴覚空間の同時多発性は、直線性の対極に位置する。つまり、「一度に一個」の対極である。確かに新聞の紙面のモザイクが基本構造として「聴覚的」だと知らされたならば、私たちはひどく困惑してしまう。しかし、直接の、直線的な連結や接続なしに構成要素が共存し、同時的な関係の場を生み出すパターンは、たとえ見える面がいくつかあったとしても、常に聴覚的である。さまざまなニュースと広告が新聞の日付のもとに存在し、日付によってのみ相互に関連づけられている。論理や記述に相互のつながりはない。それでも新聞は一体化したイメージのモザイクを形成する。これは都市や文化において存在しがちな種類の傾向でもある。オーケストラのような共鳴的なまとまりであって、ロジカルな論述によるまとまりとは違う。

新しく登場した電子メディアのもつ部族化の力は、古い口承文化の統合された場や、部族的な結束力と前個人主義的な思考パターンに私たちを連れ戻すが、これはほとんど理解されていない。部族主義（tribalism）とは、一族すなわち、共同体の規範としての閉じた社会のもつ強い絆の感覚である。リテラシー、すなわち視覚的テクノロジーは、細分化と専門化に重きを置く手段によって部族の魔術を消失させ、個人を生み出した。ところが電子メディアは集団的形式である。文字文化以後の人間が利用する電子メディアは、世界を収縮させ、一個の部族すなわち村にする。そこはあらゆることがあらゆる人に同時に起こる場所である。あらゆることは起こった瞬間にあらゆる人がそれを知り、それゆえそこに参加する。私たちは、こうしたことを理解していないため、また、テクノロジー自体の麻痺能力のため、テレビ映像を通して、北米の感覚生活に起こった革命を経験するうちに、お手上げの状態になってしまう。これは、二〇年代から三〇年代にかけてヨーロッパ人が体験した変化と比較できる。そのとき、新しいラジオの「映像」が、ヨーロッパ人の生活から久しく消えていた部族的性格を一夜にして回復させたのである。私たちの極端に視覚化された世界は、ラジオの「映像」に対しては免疫があったが、テレビ・モザイクの走査線の光に対しては免疫がなかったのである。

⑨ 私たちの被る混乱ほど大きな混乱も想像しがたい。かつてリテラシーは私たちに耳の代わりに目を与えてくれたし、私たちが「西洋世界」と呼ぶこの人類の一部分を脱部族化することに成功した。今、私たちは、新しい電子テクノロジーによって自分たちを再部族化しつつあるのと同時に、私たちの古い印刷テクノロジーを導入することで、この世界の残りの未発達な地域の脱部族化を急速に進めるプログラムに関わっている。これはまるで、無意識を意識するようになる一方で、無意識の価値を、よりいっそう明晰な意識を働かせて意識的に奨励することを意識するようになるようなものである。

⑩ 中枢神経系を外に出したとき、私たちは原始的な遊牧民の状態に回帰した。最も原始的な旧石器時代の人間のようになり、再び地球を放浪する者となったのである。しかし、採集するのは食糧ではない。情報である。これからは、食糧と富も生活自体も、その源は情報となるだろう。情報を製品に変えることがオートメーションの専門家にとっての問題であり、人間の労働や技能の究極的な分配の問題ではなくなっている。オートメーションは、誰もが知っているように、人間なしでやっていける。これが機械人間を脅かす。機械人間

はこうした変化に対処するすべを知らないためで、職業は終了し、消えてしまうばかりだからである。職業の概念は、専門分化主義の概念や特殊機能や非関与の概念と緊密に結びついている。未来の人間は働かない。オートメーションが代わりに働くからだ。しかし、画家や思想家や詩人のように、そこに全面的に関与するのである。人間が職業を持つのは、部分的に関与しているときだけである。完全に関与したとき、彼は遊びや余暇を過ごすことになる。

11 電子時代の人間にとって、環境と呼べるものは、地球を除けば消滅してしまうし、情報収集以外に従事するべき仕事もありえない。情報を移動させ、情報に情報を塗りつけることで、どんなメディアも巨大な富を生み出す。世界で最も豊かな企業、米国電信電話会社（ATT）には、ひとつの機能しかない。情報をあちこちに動かすこと。それだけである。互いに話すだけでも、私たちは富を生み出す。テレビ番組を観ている子供は金をもらうべきだ。なぜなら共同体のために富を生み出しているからだ。しかしこの富は金ではない。金は廃れてしまった。職業を蓄積するだけだからだ（そして職業も職務も、日々見ているように、それ自体、廃れてしまった）。職業のない、専門家のいない社会では、金は意味をなさない。必要なのはクレジット・カードであり、これは情報にほかならない。

12 古いテクノロジーに慣れきった社会に新しいテクノロジーが押し寄せると、あらゆる種類の不安が生まれる。私たちの電子的な世界が求めているのは、地球的な認識によって統合された場である。文字文化の人間にふさわしい個人的な意識は、電子情報の移動が求める集合的意識の中では、耐え難いほどひねくれた考えと見られてしまう。この窮境において、あらゆる自動的な反射行為を保留することは適切に思われる。芸術家は、あらゆるメディアにおいて、新しい圧力のもたらす課題にいち早く反応すると、私は信じている。芸術家は、昔の形式や達成したものを破壊することなく、新しいテクノロジーによる新しい生き方を示してくれる。私はそのことを示唆したい。また、新しいメディアにしても、玩具ではない。マザー・グースやピーター・パンに夢中な程度の重役たちの手に渡すべきではない。委ねられるのは新しい芸術家のみである。*

* Marshall McLuhan, "The Agenbite of Outwit," *Location* 1, no. 1 (Spring 1963): 41-44.

第1講　マクルーハン精読

テキストの読み解き方

この章では、まず、この「外心の呵責」を解釈していきます。

これは、一九六三年春にニューヨークで発刊された雑誌『ロケーション』の第一巻第一号（創刊号）に収録された文章です。縦二四×横二一センチの特殊な判型、約百ページの誌面には当時人気の作家や詩人たちの文章や、アーティストの作品写真などが並びます（例えば、作家ソール・ベロー、詩人ケネス・コック。画家ウィレム・デ・クーニング、ラリー・リヴァーズ、ロバート・ラウシェンバーグなど）。文学芸術の総合雑誌を狙ったらしい。マクルーハンの文章もそこにあり、こう紹介されています——

トロント大学教員。著書に『機械の花嫁』がある。近著『グーテンベルクの銀河系』[*]は国内外で大きな議論を巻き起こした。

---

* Marshall McLuhan, *The Gutenberg Galaxy : The Making of Typographic Man* (Toronto : University of Toronto Press, 1962. 本講ではこの原書と邦訳（「読書案内」参照）の該当頁を適宜示す.

「外心の呵責」が掲載された『ロケーション』誌 創刊号（1963年）

確かに『グーテンベルクの銀河系』はカナダでは大きな注目を集めましたが（カナダの文学賞で最も権威のある「カナダ総督賞」を受賞）、米国では未出版でしたので、この雑誌の出た当時、「国境の南」での知名度はまだ低かったはず。最初の著作『機械の花嫁』の出版が五一年、第二作『グーテンベルクの銀河系』が六二年（米国では六五年）。彼が本当に有名になるのは『メディア論』*を上梓した六四年以降です。すると、六三年に発表されたこの「外心の呵責」とは、売れっ子になる直前のテキストだとわかります。

さあ、この「外心の呵責」を読み解きましょう。テキストの上部に［1］などの番号を振っておきました。十二のパラグラフを指します。ほぼそれに沿って、意味をたどり、必要な予備知識や発展知識を補足していきます。

「まえがき」でも触れましたが、この授業では、「パラグラフ・リーディング」の発想を意識した読み方をします。「パラグラフ」（paragraph）とは、文章の中で、複数の文がまとまった最小単位です。冒頭が数文字下がって始まる固まりを指します。日本語の「段落」に相当しますが、パラグラフの作り方は、「段落」ほど自由ではありません。皆さんは学校の国語の時間に、「段落」には「形式段落」と「意味段落」がある、と学んだかもしれない。つまり、複数の段落（形式段落）がまとまって一個の意味をなす場合（意味段

---

* 邦題は『メディアの理解』とも．Marshall McLuhan, *Understanding Media : The Extensions of Man*, with Preface to the Third Printing (New York : McGrawhill, 1964)．本講ではこの原書と邦訳（「読書案内」参照）の該当頁を適宜示す．なお以下の批判校訂版もある（頁付けは一致しない）．Critical edition by W. Terrence Gordon (Corte Madera : Gingko Press, 2003)．

落）がある、ということです。

しかし、欧米語では違います。小説や詩的な散文は別として、ノンフィクションの論理的な文章では、「形式段落」と「意味段落」は同一です。区別がなく、重なり合っている。それが「パラグラフ」にほかならない。

「パラグラフ」とは、以下の三つの部分から構成されます——

（1）トピック・センテンス（主題文；topic sentence）

（2）サポーティング・センテンシズ（支持文；supporting sentences）

（3）クロージング・センテンス（結論文；closing sentence）

英作文（エッセイ・ライティング）の授業などで学んでいるかもしれませんね。一個のパラグラフにはトピック（主題）は一個しか書いてはいけない。それを書き込み、主張をするのがトピック・センテンス（主題文）です。そのあとに、これを説明・例示・裏付けていく複数の文が続く。それがサポーティング・センテンシズ（支持文）です。さまざまな展開法がありますが、主題文から離れた内容を盛り込まないのが鉄則。そしてパラグラフを締めくくるのがクロージング・センテンス（結論文）で、トピック・センテンスの主張のまとめ直しをしつつ、次に続くパラグラフへの橋渡しとなる含みをもたせます。

読解の場合も、このクロージング・センテンスまでをきちんと読んで、パラグラフ全体の意味が納得できるかが決め手となります。トピック・センテンスを読んだだけでは、何を言いたいのか理解できない種類のパラグラフがあります。サポーティング・センテンシズでの展開を丹念に確かめながらクロージング・センテンスにたどり着いたとたんに、パラグラフ全体の意味がわかるような高度なレトリックも存在するのです。そんなとき、クロージング・センテンスとトピック・センテンスが呼応し合い、一個のパラグラフ全体に輪ができているように感じられます。そして、テキスト全体は、パラグラフを単位として、ループを描くように進んでいく。この軌跡を確かめながら読めるのが理想です。

マクルーハンのテキストもループを描きます。彼は脈絡のなさを売り物にする「テレビ人間」だと思われていますが、実はむしろ「活字人間」で、文章構成は緻密で、完結性が強い。難解と言われますが、パラグラフを意識して丁寧に読み解けば案外わかるのです。

さて、この「外心の呵責」からの引用は**太字**で表わし、他の文献からの引用と区別します。そして、今紹介した『グーテンベルクの銀河系』と『メディア論』に言及したり、そこからの引用を随時紹介します。実は「外心の呵責」の記述は、この主著二冊と重なる部分が多く、主著での説明を援用することが理解の助けになるのです。また、米国の雑誌

『プレイボーイ』（一九六九年三月号）に掲載されたインタヴューにも頻繁に言及します。[*] この、いわゆる「プレイボーイ・インタヴュー」は、用語や基本的発想について端的に説明している箇所が多く、これも大きな助けになるのです。では、読解を始めましょう。

テクノロジーと拡張

1の冒頭は**「西洋人が神経を自分の身体の外側に出すプロセスを始めたのは電信が最初である」**です。これはこのパラグラフ全体を統括するトピック・センテンスと考えられますが、いきなりこんな書き方をされても、頭に入りません。むしろ二番目の文に着目しましょう。そこに彼の議論の前提があります――

それ以前のテクノロジーは、すべて肉体器官の拡張であった。

「テクノロジー」と**「拡張」**がキーワードです。この二つの本来の意味を踏まえつつ、マクルーハンの用いる意味を確かめます。

まず私たち日本人が**「テクノロジー」**（technology）と聞けば、通常は「技術」、特に「科学技術」を、あるいは、科学技術を発揮する「機械」や「方法」を想起します。また、

＊ "Playboy Interview: Marshall McLuhan ― A Candid Conversation with the High Priest of Popcult and Metaphysician of Media," by Eric Norden, *Playboy* 16, no. 3 (March 1969): 53-54, 56, 59-62, 64-66, 68, 70, 72, 74, 158. Republished in *Essential McLuhan*, edited by Eric McLuhan and Frank Zingrone (Toronto: Anansi, 1995), 233-69.〔邦訳は「読書案内」参照〕

その体系的性格を意識して「技術学」と訳されることもあります。百科事典や専門書で少し調べれば、似た言葉に「エンジニアリング」（＝「工学」）もありますが、「テクノロジー」はこれよりも広い意味合いを持つこと、語源はギリシャ語の「テクネ」（＝「技芸」）であることなどがわかるはずです。

しかしマクルーハンにとっての「テクノロジー」は、根本から違う。身体の「拡張」――それが「テクノロジー」です。つまり、人間の精神と肉体の「拡張」はすべて「テクノロジー」だ、と。彼はそう言いますが、どういうことでしょうか――。

「拡張」（extension）とは、何かが伸び、拡がっていくイメージで捉えてよい（＝直線とは限らないので、訳語には「延長」よりも「拡張」がよさそう）。何が「拡張」していくか、と言えば、人間の身体機能です。人間の精神や肉体が発揮する機能を強めたり、代行したり、負担を軽減したり、変化させたりする、有形・無形のものです。

このテキストでは**「車輪」**と**「城壁」**が例として挙げられています。

「車輪」（wheel）は**「足を自分の外に出したもの」**とマクルーハンは説明していますね。「足」は、人間の胴体から出ていて、身体全体を支え、歩いたり、走ったりといった移動に用いる部分です。「車輪」がその代わりになるとすれば、人間を移動させる何らかの乗り物の「車輪」と考えるとよいですね。例えば、自転車を思い浮かべてください。「足」

でペダルを踏むと、「車輪」がまわり、前に進みます。しかも、少し踏んだだけで、「足」で歩いたり走ったりするよりも、遠くへ、速く、しかも楽に移動できる。これを「足」の機能が強化された、と、「自分の外に出した」つまり「拡張」したとマクルーハンは考えるのです。なお、「足」を拡張した「車輪」の実例として、マクルーハンは、ほかに荷車や馬車、自動車を挙げ、さらに、「車輪」から歯車等の旋回運動装置に意味を「拡張」し、映画の撮影機と映写機にまで言及しています（『メディア論』第19章）。

もうひとつの事例**「都市を囲む城壁」**（city walls）は、私たち日本人にはわかりにくいかもしれません。西洋の都市は、古代ギリシャの都市国家にせよ、中世ヨーロッパの都市も、外敵の侵入に備えて城壁を築く伝統があった。人々を防御する城壁を、肉体を防御する「皮膚」の「拡張」とみた。それを、「皮膚を集めて外化（outering）させたもの」とマクルーハンは説明しています。でも、肉体を防御する「拡張」としては飛躍しすぎて実感がわきにくい。「衣服」や「家」はどうでしょう？　実際、マクルーハンはそれらも認めていますが、「家」はむしろ「骨格」の拡張だと述べています。

マクルーハンが考えた拡張のリストからいくつか順不同で並べてみましょう――

皮膚　→　衣服

歯　↓　のこぎり・包丁・弾丸
目　↓　鏡・望遠鏡・顕微鏡・カメラ・見せ物
手のひら　↓　カップ・ボウル
胃　↓　冷蔵庫
腕・足・歯・爪　↓　武器
動いている足　↓　車輪
全身　↓　自動車
頭・目　↓　椅子（ただし残りの器官は麻痺する）
肉体　↓　ベッド
骨格　↓　家
脚　↓　階段*

——納得しにくいものもありそうです。またこれは「一対一」対応ではないし、それぞれの身体器官のどの機能に着目するかで「答え」は変わります。例えば、ここで「冷蔵庫」が「胃」（stomach）の拡張となったのは、貯蔵の役割に着目したからであって、消化の役割に着目すれば、別の「答え」もあるはず。例えば「フード・プロセッサー」はどう

---

* Based on Marshall McLuhan and Eric McLuhan, *Laws of Media: The New Science* (Toronto: University of Toronto Press, 1988), 117.〔邦訳は「読書案内」参照〕

ですか？　消化を助けると考えれば、あらゆる調理器具は「胃」の拡張になるかもしれません。また、「脚」(legs) の拡張が「階段」(stairs) も意外ですね。きっと、高いところに上がるためには脚力がないと難しいが、「階段」のおかげで楽に上がれるからこれも拡張である。そんな論理でしょう。しかし「ベッド」(bed) が「肉体」(flesh) の拡張であ る、とは難しい。いずれにせよ、こうした身体の「拡張」がすべて「テクノロジー」だというのがマクルーハンの発想です。

中枢神経系の拡張

とはいえ、今紹介した「拡張」のもととなる「身体」は、物理的に働く肉体の外的な器官に限られていません。でも、「拡張」されるのは肉体だけではない。精神も、です。マクルーハンによれば、精神的な営み自体も拡張される。精神的な営み、とは、平たく言えば、考えること、です。脳髄つまり「**中枢神経系**」の働きです。それが身体の外部に直接に出て拡張されると彼は考えた。それを受けるのはどんなテクノロジーか。その事例がこのテキストの冒頭でした――

西洋人が神経を自分の身体の外側に出すプロセスを始めたのは電信が最初である。

「電信」（telegraph）とは、電気を用いて符号を送信・受信する通信手段です。本格的な電信は、米国のサミュエル・モールス（Samuel Morse）が、いわゆる「モールス符号」（〝トン〟〝ツー〟の信号の組み合わせ）を使って一八四四年五月二十四日に、ワシントン＝ボルティモア間に敷かれた回線で通信に成功したのが最初とされます。ちなみに、最初のメッセージは、“WHAT HATH GOD WROUGHT”（これは神のなせる業なり）だったそうですが、この回線が「中枢神経系」を「拡張」した世界初の「テクノロジー」となりました。

マクルーハンは「車輪」と「都市」の事例をはさんだあとに、こう述べています――

ところが電子メディアは、中枢神経系の拡張であって、これは包括的で同時的な領域にほかならない。

ここでは評釈が二つ必要です。まず、いきなり、**「電子メディア」**（electronic media）という言葉が現われたことに注意してください。「電信」は「テクノロジー」であり、「拡張」であり、「電子メディア」である。実は、マクルーハンにとって、「メディア」とは

「テクノロジー」と同義（同じ意味）なのです（マクルーハンは、説明せずに言い換えていくことが多い）。よって人間の身体能力の「拡張」は、すべて「テクノロジー」であり「メディア」です。そこでは**「中枢神経系の拡張」**(extensions of the central nervous system) は「電子テクノロジー」であり、「電子メディア」なのです。ここにマクルーハンの「メディア論」の特殊性があり、あとで再三論じ直すことになります。

次に、**「包括的で同時的な領域」**(an inclusive and simultaneous field) です。これは、テキストの続きである**「電信の発明以来、私たちは人間の脳と神経を地球全体に拡張させてきた」**という空間的な拡がりを示唆するとともに、「電子メディア」を通して、地球の各地で起こることが同時に伝達され、それが共有されるという図式を意味します。「地球村」の様相ですが、詳しくは第3講で論じます。

いずれにせよ、ネガティヴなテキストの流れです。人間の脳と神経が「地球全体に拡張」された結果、「電子時代」(electronic age) になった。マクルーハンにとって、これは未来予測の話ではありません。このテキストが書かれた一九六三年の時点ですでに到来している。そういう前提で彼は書いています。そしてそれは「不安」(uneasy) な時代です。この時代において、**「私たち」**は**「頭蓋骨を内側に入れ、脳みそを外側に出して耐えている」**というグロテスクなイメージで描かれます。私たちは**「異様に脆弱」**な存在なのです。

「脆弱」（vulnerable）とは、簡単に攻撃や悪い影響を受けたりする状態を言います。そして**「一八四四年」**という電信実験の成功年にデンマークの哲学者セーレン・キルケゴールの『不安の概念』の出版年を重ねることで、まさに「不安」を強調します。

ここまでが①で、「不安」とは何かという読者の関心をひきつけて次のパラグラフに移るのですが、この最後の文で電信実験の成功年が示唆されることで、①冒頭の**「西洋人が神経を自分の身体の外側に出すプロセスを始めたのは電信が最初である」**というトピック・センテンスを示唆します。円環構造によるまとまり感が確かにあるパラグラフとなっています。

題名の意味

②では、**「脆弱」**な**「私たち」**がどんな攻撃に苦しめられ、そのときに何が起こるかが書いてあります。「苦しめる」（plague）のは私たちの「拡張」です。**「身体のあらゆる社会的拡張に特有の性質」**（a special property of all social extensions of the body）がめぐりめぐって私たち（**「発明家たち」**）に戻ってきて、苦しめる。マクルーハンはそれを**「外心の呵責」**と表現する。

「外心の呵責」とはまさにこのテキストの題名でした。原語では agenbite of outwit（アゲンバイト・オヴ・アウトウィット）ですが、これはマクルーハンの作った表現です。元になったのは agenbite of inwit（〜・インウィット）という熟語です。この inwit を outwit にマクルーハンは取り替えた。テキストで〔　〕に入れてある箇所は私の補足ですが、内容をここで改めて確かめておきましょう。

おそらく agenbite of inwit は、なじみのない表現でしょう。大きな辞書を引くと、「自責の念」や「良心の呵責」（remorse of conscience）という説明があります。これは、本来、*Ayenbite of Inwyt* と表記された十四世紀の書物の題名です。キリスト教倫理を説いた本で、フランスの修道士モランが書いた『悪徳と美徳の全書、または王の全書』（一二七九年）を修道士マイケルが英訳したものです（一三四〇年）。題名も内容も中世の英語です。しかもケント州（イングランド東南端）の方言で訳されています（今や当時のケント州方言の発音を知る資料としても価値が高いそうです）。

「呵責」にあたる古い言葉 ayenbite（agenbite）は again + bite と解釈してください。「再び＋咬む」あるいは「再び＋刺激する」です。何かが繰り返し責めてくるイメージが生まれます（実は「呵責」の一般的な語である remorse も re［= again］＋ morse［= bite］と分解できます）。

前置詞 of のあとの inwyt（inwit の異形）ですが、OED（『オックスフォード英語辞典』）

を引くと、「良心。良いことと悪いことを判断する内なる感覚」(conscience; inward sense of right and wrong) とあります。語源的には in ＋ wit で、「内側の＋理性」ということです。マクルーハンはこの inwit (内側の理性) をひっくり返して outwit (外側の理性) という単語を造った。ちなみに outwit は現代語としては「出し抜く」とか「裏をかく」といった意味の動詞としてしか使いませんが、十四世紀には「観察力」(faculty of observation or perception) の意味もありました。(なお wit にはかつて「知覚」の意味もあり、five wits は「五感」を指したので、そこから解釈を拡げることもできそうです。『グーテンベルクの銀河系』原書五頁、邦訳九頁参照。)

もうひとつ、この agenbite of inwit という表現は、ジョイスの長篇小説『ユリシーズ』(一九二二年出版) に出てきます。アイルランド出身の小説家ジェイムズ・ジョイス(一八八二—一九四一) はマクルーハンの思想に大きな影響を与えました。それについてはあとで少し触れるとして、この表現は『ユリシーズ』冒頭「テレマコス」の章にあります。死の床に就いた母 (カトリック信者) の願いを拒み、祈禱を拒否した登場人物スティーヴン・ディーダラスがその後抱き続ける罪悪感を agenbite inwit とジョイスは記述しました。手元の『ユリシーズ』(丸谷才一ほか訳) を開くと、「良心の〜」ではなく、あえて「内心の呵責」と訳されています。* 私もこれにあやかって、マクルーハンの表現とこのテ

---

* ジェイムズ・ジョイス『ユリシーズ』第1巻，丸谷才一，永川玲二，高松雄一訳（集英社文庫，2003年），45頁．また同訳書460頁の訳註を参照．

キストの題名は「外《がい》心の呵責」と訳した次第です。

つまり、不安な電子時代にあっては、私たちを苦しめるのは、私たちの内面にある「良心＝内心」ではない。拡張によって外面に出た「外心」が苦しめる。「内心の呵責」ならぬ「外心の呵責」である。「外心の呵責」とは、「拡張」が私たちに及ぼす何らかのマイナス効果だと考えられます。さらにこの場合、「外心」とは中枢神経系の「拡張」である「電子メディア」であり、それが私たちを「苦しめる」という図式になります。では具体的には、どのように苦しめるのでしょうか。

ナルキッソスと麻痺

マクルーハンが持ち出すのはギリシャ神話のナルキッソスのエピソードです。

ナルシシズム（自己愛）の語源にもなっている美少年ナルキッソス（「ナルシス」はフランス語読み）は、その美貌ゆえに、ニンフ（妖精）たちからも求愛されていたが、常にこれを斥けていた。やがて恨みを買い、復讐の女神ネメシスの働きかけで、泉の水面に映る自分の姿を自分とわからず心を奪われる。彼は恋い焦がれ、憔悴し、息途絶える。その後、水仙の花に変わったとされる。細部に異同はあっても、だいたいそんな内容です。

このエピソードのマクルーハンの解釈は、人は**「自分の姿に恋をする」**のではなく、

「自分の拡張に対して、それと知らずに恋をする」傾向がある、というものですが、このテキストを読んだだけでは難解です。翌年に出版された『メディア論』の第4章「仕掛けの愛好者」（Gadget Lover）の記述等を併せて参照すると、おそらくこういうことです。

ここでの「テクノロジー」とは「鏡」（泉の水面）です。ナルキッソスの目の**「拡張」**です。この「鏡」には彼自身の姿が**「投影」**されます。これは、ナルキッソスの美貌が外側に出たのですから、自分の美貌の「拡張」でもあります。この「拡張」を見たナルキッソスは自分の姿だとわからず、自分の拡張されたイメージに陶酔し、ひたすら見入り、「鏡」を使い続ける。これが**「自分たちの作った仕掛けの自動制御装置になってしまい、仕掛けの求める、即時的で機械的な反応をすることになる」**という説明です。

「自動制御装置」（servo-mechanism）という表現は『メディア論』に実例が挙げられています。インディアンはカヌー、カウボーイは馬の自動制御装置。会社の重役は、時計の自動制御装置だそうです（原書四六頁、邦訳四八頁該当）。つまり、「カヌー」「馬」「時計」というテクノロジーを扱うことだけに夢中になる様子です。テキストに戻れば、**「自動車の運転をしたり、テレビを観たりするときの私たち」**も**「外部に突き出た自分自身の一部分を扱わなくてはならないことを忘れがち」**だとあります。自動車をひたすら運転し続けたり、テレビを観続けたりといった「自動制御装置」になってしまうということでしょう。

ここにマクルーハンは「**根本的な問題**」を見ます。「**テクノロジーに対する偶像崇拝**」（idolatry of technology）である、と指摘します。「**人は自分の身体の拡張でしかない最新の小道具や小細工に必ずや恋をしてしまうらしい**」という記述に立ち戻ります。私たちは自分の拡張に「**それと知らずに恋をする**」のです。原文の fall in love は、「恋をする」では実感がわかないかもしれません。要するに、魅せられ、夢中になり、濫用している自分に気づかず、耽溺してしまうのです。

そして、自分自身の拡張に耽溺するのは「**精神的な麻痺**」（psychic numbness）のためだ。マクルーハンはそう言い、このパラグラフ②を閉じます。

では、結局、私たちを苦しめる「外心の呵責」とは何でしょうか。ヨーロッパの知的な文章作法では、パラグラフには意味の完結性が求められますから、「外心の呵責」についても、このパラグラフの内部で当座の説明が尽くされているはずです。

「呵責」を何かチクチクと刺激するイメージだけで捉えてしまうと、それに即物的に相当するものはこのパラグラフには見つからない。むしろ、マクルーハンの解釈したナルキッソス神話全体の内容と考えるべきでしょう。つまり、新しいテクノロジー（すなわち拡張された自分）によって「麻痺」させられ、「自動制御装置＝偶像崇拝」になってしまうプロセス全体です。このテキストでは説明されていませんが、「麻痺」が起こるのは、実は、拡張された自分がもたらす刺激が強すぎるために、そこから自分を守るべく、中枢神経系が感覚や機能との連絡を「自己切断」(self-amputation)するからだ、とマクルーハンは主張しています(『メディア論』原書四二―四三頁、邦訳四四頁参照)。また、このパラグラフは、冒頭で拡張が人を苦しめる、というトピックを呈示し、末尾でその結果として麻痺が起こるという因果関係による完結性を構成しているのです。

催眠術と歯科治療

次のパラグラフ③では、まず、「**大きな変化の境目に立つ世代は、後世の目から見れば、こうした問題や差し迫った出来事に気づかなかったように思われる**」と始まり、私たちが「**大きな変化の境目に立**」ち、「**外心の呵責**」に苦しめられる状況にあること、そして、それに気づくべきであることが示唆される。どのように気づくべきかは二つ目の文に記述されます――「**しかし、諸感覚を孤立させ、社会に催眠術を施してしまうテクノロジーの力は理解しなくてはならない。**」これはこのパラグラフのトピック・センテンスと考えられ、実際、このパラグラフでは、テクノロジーが「**諸感覚**」にどんな影響を及ぼすかが具体的に書かれています(②のナルキッソスのプロセスをさらに説明し直すパラグラフとも言えます)。

それは「**催眠術**」だとマクルーハンは述べる。やり方は「**一度に一個の感覚**」だそうです。これについては『グーテンベルクの銀河系』の初めのあたりに説明があります。催眠術は特定の感覚を孤立させると残りの感覚が麻痺してしまう原理を応用しているのだそうです（原書二四頁、邦訳四一頁該当）。

それと同様の原理の応用として、マクルーハンが何度も言及したテクノロジーがあります。歯科の治療でかつて開発された「オーディアック」（Audiac）という無痛治療の補助装置です。患者はヘッドフォンでノイズと音楽を聴き続ける。すると、ドリルなどによる治療中の痛みを感じずにすむ、というもの。聴覚という一個の感覚は強烈な刺激を受け、中枢神経系は「自己切断」を起こす。このとき、全身の感覚にも麻痺が起こる——。（いったいどこまでが生理学的・医学的に実証されていたことで、どこからがマクルーハンの想像だったのか、また最新の現代科学の検証にも耐えうるのか、判断は難しいのですが、とにかく彼の論理として受けとめておいてください。）

同一化とバックミラー

しかし本来、私たちのさまざまな感覚——視覚、聴覚、触覚、味覚、嗅覚、筋感覚（運動感覚）など——は、中枢神経系の中で統合され、ある程度、連絡しあっているらしい。

「本来、私たちの内密な諸感覚は閉鎖体系（closed system）ではなく、意識（conscious-

ness）と呼ばれる綜合的な体験の中で互いに際限なく転換されていく」とマクルーハンは述べる。感覚が転換されていくと聞くと、共感覚（anasthesia）という能力のことを思い出します。例えば、音を聴くと色が見える人（「色聴」と言います）、数字を見ると色が見える人、味覚に形を感じる人といった共感覚者は少数ですが存在します。* マクルーハンも、ときどき「共感覚」という用語に触れることはありましたが、ここの文脈ではそうした実体験として得られるレヴェルの転換を意図しているのではなく、誰でも考えられるレヴェルのものを想定していたようです。（でもどこかにつながりはあるのでしょう。そうでなければ、「黄色い声」「しんしんと降り積もる雪」「甘いささやき」「おいしい儲け話」など、比喩表現や擬音語・擬態語は存在しません。）

　ところが、**「私たちの拡張された諸感覚、道具、あるいはテクノロジーは、昔から、相互作用を起こせない閉鎖体系である」**とマクルーハンは主張します。つまり、テクノロジー（道具）によって特定の感覚が拡張されると（要するに、その能力が過度に用いられたり、強化されたりすると）、その感覚は他の感覚との連絡を絶つ。**「すべての新しいテクノロジーは、それが奉仕する領域に合わせるために、感覚の相互作用（interplay）と認識（awareness）を弱めていく」**のです。これも前述の「麻痺」の一面なのでしょう。それは同時に**「観る者と観られる対象のある種の同一化」**（a kind of identification of viewer and object）を起こす。

＊　例えば，リチャード・E・シトーウィック『共感覚者の驚くべき日常』山下篤子訳（草思社，2002年）を参照．

マクルーハンはいきなり「視覚」に議論を絞っていますが、主体と客体の区別がつかなくなり、他の感覚が麻痺し、判断力を失った状態を表現したいようです。ちなみに『グーテンベルクの銀河系』では、同様の説明をする箇所で、「その者は見た物になった」(they [he] became what he beheld) というウィリアム・ブレイクの長詩『エルサレム』の一節を引用しています (原書二七二頁、邦訳四一四頁該当)。

マクルーハンはこの「同一化」を**「観る者を新しい形式や構造に順応させる営み」**と言い換えます。ここで革命家の例が出ます。この営みが**「革命に最も熱中した人を、革命の原動力に最も鈍感な人に変える」**というのです。革命家にとっては革命思想や求める政治体制こそが新しいテクノロジー (の形式) でしょう。これに熱中し、思考を強め、運動に励むほど、思想との「同一化」が強まるけれど、いつの間にかそれによって革命の本当の潜在的な力が把握できなくなり、未来への展望が消極的になってしまう。革命家は**「未来とはごく近い過去 (immediate past) が大幅かつ大々的に向上したものだと勘違い」**して、そこに満足してしまうらしい。『グーテンベルクの銀河系』ではそうなる理由について、「もしかしたら [ごく近い過去は] 新しいテクノロジカル・フォームとの妄想的な同一化から解放されて感覚の相互作用ができる唯一の場所だからではないか」と述べています。実はここには、新しいテクノロジー (メディア) が新しい環境を生み出すとき、人間は現在も未来も見えず、未来だと思って見ているのはバックミラー（rearview mirror）に映った過去にすぎない、というマクルーハンが好んで語った主張も隠れています。

このようにパラグラフ③では、新しいテクノロジーの登場で、人間が諸感覚の相互作用を失い、鈍感になるプロセスが描かれています。パラグラフの冒頭に、**「大きな変化の境目に立つ世代」**が**「こうした問題や差し迫った出来事に気づかなかった」**とありました。その理由がこのプロセスにあったことに気づくのです。

電子テクノロジーの地球規模の拡張

しかし、次のパラグラフ④で、**「新しく現われた電子テクノロジーは、閉鎖体系ではない」**とマクルーハンは力説します。前述の説明からもわかるように、「電子テクノロジー」は「電子メディア」と同義です。「閉鎖体系」ではないからには、電子メディアを用いると、「意識と呼ばれる綜合的な体験の中で互いに際限なく転換されていく」ことになります。なぜか。それは、電子メディアが**「中枢神経系の拡張」**だから、です。そして電子メディアは**「認識、相互作用、対話」**を行なう。

ところがマクルーハンはこの状況を危惧します。この電子メディア時代の本質は**「テクノロジカルな道具どうしの共存（co-existence）がまさしく即時的に起こる」**ことですが、それが「人類史上きわめて新しい危機を生み出した」と言う。

なぜ「危機」なのか。**「私たちの拡張された能力や感覚は、今や、単一の体験領域を構成しており、この領域は、能力や感覚が中枢神経系自体さながらに集合性を意識するようになることを求めている」**とはどういうことか。そこで『グーテンベルクの銀河系』序章の記述（邦訳九頁該当）を援用・融合させて解釈してみます

――これまでのテクノロジーは、「自動車や文字や貨幣」など「移動速度の遅い」ものばかりで、それらの閉鎖体系ひとつひとつを私たちは個人的（身体的）にも社会的にも無理なく受けとめることができた。ところが「視覚や音声や運動が同時かつ地球規模で存在するとき」はそうはいかない。「私たち人間の諸機能が拡張したもののあいだで起こる相互作用（interplay）」が起こる場合（つまり**「私たちの拡張された能力や感覚」**が**「単一の体験領域を構成」**する場合）、拡張どうしのあいだには「比率」（ratio）ができる。私的で個人的な「理性」（rationality）を保つために、拡張どうしの適切な「比率」がこれまでも必要だったが（**「中枢神経系自体」**がこれまで実行してきたこと）、それが今では「集団的」にも、それこそ地球規模で必要である（**「集合性を意識する」**必要性）。それができないと、私たちは生き残れないのだ。そんな危機的状況がここで示唆されていると言えましょうし、次のパラグラフ5で、その問題の一例が紹介されます。

このパラグラフ4の最後の文は、「**機械作用（mechanism）の特徴である細分化（fragmentation）と専門化（specialization）は存在しない**」です。電子メディアの登場する以前の機械の時代は、「細分化」と「専門化」だった。それらは、表音文字としてのアルファベットとグーテンベルクの発明した活版印刷という二つのテクノロジーに端を発するのだ。それがマクルーハンの主張ですが（後述）、以前の状況を引き合いに出すことで、電子メディア時代にはその逆の特徴があることをほのめかしています。

感覚比率

「比率」という言葉が出てきたので、これについて説明しておきましょう。

前述のように、マクルーハンによれば、私たちのさまざまな感覚は「**閉鎖体系ではなく、意識と呼ばれる綜合的な体験の中で互いに際限なく転換されていく**」のですが、これらの感覚（視覚、聴覚、触覚、味覚、嗅覚、筋感覚など）の発揮の度合いには差があり、そこに均衡が保たれて私たちの知覚は構成され、「理性」（rationality）も保たれます。そうした感覚どうしの比率をマクルーハンは「感覚比率」（sense ratios）と呼びました。なお、ratio ではなく ratios と複数形になっているのは、感覚はさまざまあって、それらの組み合わせがいくつもできるためだと考えられます。また、さきほどの説明でも気づいたと思いますが、「理性」（rationality）と「比率」（ratio）は語源的に関係があり、マクルーハンもこれを意識して使っていた節があります。

「感覚比率」が問題になるのは、特定の感覚の強さが変化して均衡が崩れたり、新しい均衡が生まれたりするときです。そうした変化は「拡張」と関係があります。つまり、特定の感覚がテクノロジー（メディア）によって拡張されると「感覚比率」が変化する。電子メディアの登場も、実はその変化を起こしたのであり、それまでは視覚が優位だったのが、聴覚や触覚が力を取り戻した、それによって人間の思考も変わった。そんな議論をマクルーハンは展開しました。この説についてはパラグラフ6あたりまで精読が進んだら再開しましょう。

ニュルンベルク裁判

さて、パラグラフ5では、ニュルンベルク裁判で犯罪責任を認めた唯一のナチス指導者となった元建築家で軍事大臣アルベルト・シュペーア（一九〇五―一九八一）が法廷で述べた証言が紹介されます。それは、電子メディアが導入された独裁主義の連絡系統では、命令は上から下まで**「絶対権威」**をもってそのまま伝わり、**「無批判に実行され」**てしまう。そんな現実を淡々と語るものです。**「一個の中心源から制御と操作ができ」**るのであって、かつての独裁制のような、**「質の高い協力者」**はもはや不要である。**「コミュニケーションの手段があるばかりに、副次的な指導体制の仕事が機械化されてしまう」**し、**「指令を無批判に受ける人間」**という**「新しいタイプが生まれ」**る――。

マクルーハンはパラグラフ冒頭で、**「新しい電子的な諸形式の本質を知らないと、私たちはそれらに操られてしまう」**と述べていますが、**「新しい電子的な諸形式の本質」**とは、ずばり言えば、即時性でしょう。即時的な連絡ができるようになると、コミュニケーションが**「制度化し、手続きの方式に変容」**してしまう。それによって人々は**「操られ」**るはめになり、独裁制の災禍が拡がった。そういう証言です（なお、マクルーハンはこのシュペーアの証言を、最低二度は引用しています。一九五三年の論文「リテラシーのない文化」と六四年の著書『メディア論』です）。

引用が閉じられたあとの文章は、原文を見ると行頭でインデント（字下げ）がされていないので、パラグラフ5の続きとみなせます。でも、不意に**「テレビとラジオ」**が出てくる。ナチス時代の電話等の連絡系統の話から飛躍するように思われますが、どうでしょう。

ここでの論旨を、箇条書き風に、確かめてみましょう。

（1）テレビとラジオは**「巨大な拡張」**（immense extension）であること。「巨大な拡張」とは、拡張の規模や度合いが著しく大きいということです。テレビとラジオは強力な電子テクノロジー（メディア）であって、それだけにこれを使う人間に及ぼす影響も大きいことが示唆されます。

（2）テレビとラジオは**「言語がかなえてくれるのと同様に、互いの生活への参加を可能にする」**（enable us to participate in one another's lives, much as a language does）。「参加」とは対象への積極的な関与を意味します。『メディア論』第3章を開くと、電気の時代には世界中の人間が極端に近づきあって生きなくてはならないという状況を強調するくだりがあり、その状況は「私たちが互いの生活へ電気的に関与することで生み出された」と説明されます（原書三五頁、邦訳三八頁該当）。「関与」（involvement）を推し進める強力なメディアは、やはりテレビとラジオでしょう。**「互いの生活への参加［関与］」**とは何でしょうか。**「言語がかなえてくれる」**という表現にも着目しましょう。「言語」（language）もテクノロジーでありメディアです。主たる役割はコミュニケーション（意思疎通）でしょう。テレビとラジオが促す人々の「参加＝関与」もコミュニケーション（この場合、マスコミュニケーションを含む）だとすれば、それが盛んになると、人々が情報を共有し合うようになり、世界中の人間の距離感が縮まる。世界は相対的に狭くなる。そういう状態がこの検討箇所の背後に読みとれる。

（3）ただし、**「参加の方式はすでにそれぞれのテクノロジーに組み込まれている」**とありますから、テレビとラジオという**「テクノロジー」**が促す「参加＝関与」は、それぞれ固有の**「方式」**（mode）に従うため、「言語」の「方式」とは違うのです。

（4）すると、**「この新しい言語は独自の文法をもつのである」**という総括の部分に行き着きます。**「文法」**（grammar）とは「方式」の言い換えと考えられますし、**「新しい言語」**は、「新しいテクノロジー」としてのテレビとラジオですね。ならば、テレビとラジオに代表される電子メディアの「文法」とは何か、という問いが生まれるはずです。

テキストの書き手にとっては、こういう総括は次のパラグラフを説き起こす勢いのようなものとなりますし、読み手にとっては次のパラグラフへと読み進みたいという気持ちを刺激します。でも文章のうまさはそれだけではありません。

このパラグラフ5の冒頭を思い出してください。

新しい電子的な諸形式の本質を知らないと、私たちはそれらに操られてしまう。

文頭の**「新しい電子的な諸形式」**は、いつのまにかこのテレビやラジオを指しています。その**「本質」**とは、人々を「参加＝関与」に導き、生活を変える「独自の方式＝文法」です。それを知らないとまずいぞ、操られてしまうぞ。そんな実感が冒頭のトピック・センテンスに加わります。そしてここでもう一度パラグラフを通読すれば、引用でナチスで電子メディアを介して人々が操られた例が書かれているのが再確認できる。パラグラフの中で記述が循環して完結している。何かエネルギーが循環し続けるイメージです。

別にマクルーハンだからこういう文章なのではありませんよ。パラグラフごとにループを描きながら全体が進んでいくのが西洋の知的な文章のスタイルのひとつなのです。

印刷文化の思考様式

パラグラフ6は**「電子文化によって埋め込まれた思考様式は、印刷文化が培った思考様式とはかなり異なる」**という文で始まります。前のパラグラフが導き出した、電子メディアの文法とは何か、という問いを承けて、「文法」を「思考様式」に、「組み込まれた」を「埋め込まれた」などと、表現を微妙に言い換えつつ述べています。そして、「電子文化」と「印刷文化」の対比が初めて明示されました。以後、このパラグラフは「印刷文化」に説明を限っています。

そのため、このパラグラフの実質的なトピック・センテンスは、仮に二番目の文と考えるとわかりやすいでしょう。つまり、**「ルネッサンス以来、ほとんどの手法や手続きは、知識の視覚的な体系化と適用に重きをおく傾向が強かった」**が主張です。この文は、「ルネッ

サンス以来」と時間的な限定はしているものの、「**ほとんどの手法や手続き**」(most methods and procedures) とは何かわかりませんし、「**知識の視覚的な体系化と適用**」(the visual organization and application of knowledge) も知らされていません。パラグラフの冒頭付近でこういう抽象的な言いまわしがあったら、残りの部分で具体的に解き明かされていくのが西洋的な書き方です。

次の文「**活字印刷による分節化に潜むこの前提** (the assumptions latent in typographic segmentation) **が、技能の細分化や社会的な職務の専門化に現われている**」で、少し明らかになります。「**この前提**」とは当然「知識の視覚的な体系化と適用」を指します。「**活字印刷による分節化**」とは、印刷というテクノロジーが現われ、表音アルファベットの活字を自由に組めるようになると、人間はものごとを区切ったり、細分化したり、分析的になって、行動や思考をするようになったとするマクルーハンの見解です(『メディア論』原書一六〇頁、邦訳一六二頁参照)。不可思議な見解ですが、その本質には「知識の視覚的な体系化と適用」がある。つまり、活字(あるいは表音アルファベット)のもつ視覚的な側面によって知識が整理され、実際に用いられていくということ。それが前提となって「**技能の細分化や社会的な職務の専門化**」がなされるのです。

そして「**リテラシーは直線性に重きをおく**」(literacy stresses lineality) という一文が現

われます。印刷の話から話題がズレたわけではありません。「知識の視覚的な体系化と適用」であり、「活字印刷による分節化」を生み出すのは**「リテラシー」**（読み書きの能力）であり、その**「直線性」**なのです。

アルファベットと直線性

ヴィジュアル本とでも呼ぶのでしょうか、このテキストから四年後（一九六七年）にアーティスト、クエンティン・フィオーレとの共著でマクルーハンが出版した本に『メディアはマッサージである』があります。* そこから引用し、前節の議論を整理します――

アルファベット未使用の社会において優勢な感覚器官で、しかも社会を方向付ける役割にあったのは、耳だ。「聴くことは信じること」であった。ところが表音アルファベットが現われると、耳の魔術的世界に圧力をかけ、目の中立的な世界に変えてしまった。人間は耳の代わりに目を与えられたのだ。

〔……〕表音アルファベットは物事の把握を目のみで行なうメディアだ。それ自体に意味をもたない断片的な部品から構成されており、何らかの意味をもたせるには、ビーズのような直線に並べなくてはならない。これが使われることで、環境全体を視

* *The Medium Is the Massage : An Inventory of Effects*. With Quentin Fiore and Jerome Agel（New York : Bantam Books, 1967 ; Corte Madera : Gingko Press, 2001）.〔邦訳は「読書案内」参照〕

覚的・空間的に見る習慣が養われ、促進された。特に、そのときの空間と時間は、均一（uniform）で——

継、続、的（c,o,n,t,i,n,u,o,u,s）

かつ

連-結-的（c-o-n-n-e-c-t-e-d）なのだ。

線や連続体は、生活を組織する原則となった（まさにこの文自体が格好の事例だ）。「始めるのなら、どんどんやりましょう。」「合理性」（rationality）や論理（logic）は、事実や概念が連結され、順次続いていくかどうかが問われるようになった。

多くの人にとって合理性とは、均一性（uniformity）と連結性（connectiveness）という含みを持つ。「ついていけません」とは「あなたのおっしゃっていることは合理的とは思えない」という意味だ。

視覚空間（visual space）は均一で、継続的で、連結的だ。私たちの西洋文化で合理的な人間とは視覚的な人間だ。ところが、最も意識的な体験は「視覚性」をほとんど含んでいないという事実に彼は気づいていない。［……］

行動の断片化、物事を区分して考える習慣——要するに「専門主義」（specialism）——は、段階的かつ直線的に細分化していくプロセスの反映であって、アルファベッ

トというテクノロジーに固有のものだ。〔原書四四―四五頁〕

この引用をたどることで、テキスト「外心の呵責」で**「リテラシー」**の基盤として強調される**「直線性」**の本質がわかります。**「直線性」**とは、表音アルファベットというテクノロジーがもたらした、均一で、継続的、連結的な認識方法であること、それは合理性、分節的発想、専門主義に通じること、そこで「拡張」されているのは視覚であること、ゆえに空間の認識も含むこと、などです。でも、考えてみると、この引用で言及しているのは表音アルファベットであって、印刷ではありません。

実は、印刷テクノロジーは、表音アルファベットを活字として取り込んだばかりか、表音アルファベットがゆっくりと培ってきた視覚優位の合理的な発想、直線的な思考様式を、飛躍的、爆発的に強化したのです。マクルーハンはそう考えていました。**「私たちに分析と爆発をもたらしたのは、グーテンベルクである。」**グーテンベルクとはもちろん、活版印刷の発明者です。「分析」(analysis)とは、断片化や専門化に伴う営みでしょう。「爆発」(explosion)は今述べたとおりですが、大切な「マクルーハン用語」です。グーテンベルクに発する機械文化によって分節化と専門化が飛躍的に進むさまを指します。

ここでパラグラフ⑥の中ほどに戻れば、この「直線性」の説明は容易に頭に入るでしょう――「一度に一個を認識して、手続きを進める方式である。」この「一度に一個」(one-thing-at-a-time) という表現も、まさに一本の流れで進む「線的」「直線的」(linear) な発想だと気づきます (linear または lineal が形容詞、lineality が名詞です)。「手続き」も直線的な発想です。そしてこのアルファベットに端を発する活字文化の直線性から派生したのが、「ほとんどの手法や手続き」すなわち「技能の細分化や社会的な職務の専門化」です――「組み立てライン」「戦闘の隊形」「経営の階層性」「学術の部門化」。これらは「組み立てライン」を除けば、必ずしも直線的な拡がりのイメージではありませんが、要するに単一の視点に基づいて統合され、統合ゆえに区分され、専門主義がなされています。

パラグラフ⑥の最後の文もこれまでの内容を承けて閉じます――「認識と情報の領域を細分化し、静的な断片にすることで、私たちは驚異的な達成を果たしたのである。」これはパラグラフ冒頭の「印刷文化が培った思考様式」と呼応し、パラグラフの循環構造を見事に作っています。気になるのは「静的な断片」(static bits) の「静的」のニュアンスでしょうか。これは、視覚優位で分析され統一された安定感を表現しているのだと思われます。「驚異的な達成」とは「印刷文化」と捉えてもよいし、電子時代になるまでの西洋文明と考えてもよさそうです。実はそこまでの、アルファベットとグーテンベルクの印刷機に始まる各種のテクノロジーがどのように人間の思考様式を確定させ、いわゆる「活字人間」

を形成させたかを論じたのが、「外心の呵責」の前年に出版した主著『グーテンベルクの銀河系』でした。

電子メディアと聴覚空間

パラグラフ[7]では、いよいよ印刷文化との対比で、**「電子文化によって埋め込まれた思考様式」**の説明がなされますが、冒頭のトピック・センテンスは**「けれども電子メディアのプロセスは異なる」**です。「プロセス」とはどういう意味でしょうか——。ともかく、マクルーハンはテレビとラジオ、そして新聞に言及しますが、ここで現われるキーワードは**「聴覚空間」**(auditory space) です(この原語はマクルーハンとともに仕事をした人類学者エドマンド・カーペンターが好んだ言いまわしで、マクルーハンはむしろ acoustic space と書くようになりますが、同じものを指します)。

「聴覚空間」は**「聴く行為によって生まれた同時的な関係が作る領域」**である。マクルーハンはそう説明します。皆さんが目をつぶったとき、上下・前後・左右からさまざまな音が同時に聞こえてくる。**「同時多発性」**(all-at-onceness) と形容されていますが、その立体的な拡がりの領域が「聴覚空間」です。これは「視覚空間」とは違います。

逆に「視覚空間」とは目で見た空間です。その本質は**「同時多発性」**の対極にある**「直**

線性」であり、「**一度に一個**」しか認識を期待されていない「均一で、継続的で、連結的」な空間です。「視覚空間」にも拡がりはありますが、目という一点から放射状に広がる空間、あるいは、周囲から一点に集中していく空間です。さらに、このテキストには書かれていませんが、対象に対して超然とした見方（detachment）、非関与の姿勢（uninvolvement）、といったニュアンスを伴う。アルファベットと印刷メディア（どちらもテクノロジーです）によって拡張・強化された視覚がつかさどる空間だと考えられましょう。

これに対して「聴覚空間」は、もちろん目をつぶれば自然空間に昔からずっと存在しているはずですが、西洋文明では「視覚空間」がこれを斥けてしまった。マクルーハンはそう考えました。「聴覚空間」は、電子メディアによって回復されるのです。

この文脈で興味深いのは、活字メディアであるはずの新聞をあえて聴覚空間の説明に持ち出すところです。「**新聞の紙面のモザイク**」が「聴覚的」（auditory）だとする本質は「**同時多発性**」です。つまり、それぞれの報道記事と広告は「**日付によってのみ相互に関連づけられ**」ており、直接の「**直線的な連結**」等がないままに同時的に共存している。一個の都市や一個の文化は、そうした「**一体化したモザイク**」を構成しているものであり、いろいろな音が鳴り響くオーケストラにも喩えられる、と。

「**ロジカルな論述**（logical discourse）**によるまとまりとは違う**」というパラグラフ末尾の

一言は、冒頭の**「けれども電子メディアのプロセスは異なる」**と響き合います。「論述」は「プロセス」を指していたと気づき、このパラグラフのループの中で、電子メディアの思考様式が印刷文化と異なることが再確認できるのです。

ちなみに、この**「同時多発性」**を新聞紙面に求める説明をマクルーハンは好み、このテキストの十二年前に出版した最初の著作『機械の花嫁』でも取り上げて論じています。それについては第2講に譲りましょう。

ところでこのテキストで「プロセス」という言葉が出てくるのは、あとはテキストのいちばん最初だけです――**「西洋人が神経を自分の身体の外側に出すプロセスを始めたのは電信が最初である。」**パラグラフ1を読み直し、電子メディアが**「中枢神経系の拡張」**であり、**「包括的で同時的な領域」**であることを再確認してください。

再部族化と地球村

では**「電子メディアのプロセス」**で私たちの思考と社会に何が起こるのか――。**「新しく登場した電子メディアのもつ部族化の力**（tribalizing power）**は、古い口承文化の統合された場や、部族的な結束力と前個人主義的な思考パターンに私たちを連れ戻す」**とのこと。**「これはほとんど理解されていない」**とマクルーハンは付言します。

マクルーハンの見据える人類史は三段階です――

（1）**文字使用以前の時代**………表音アルファベット（というテクノロジー）導入以前の時代。話し言葉（spoken word；speech）に満ちた聴覚空間の時代。聴覚や触覚が優位だが、あらゆる感覚がバランスを保って同時に働く。「部族」（tribe）とは血族関係と相互依存の調和をもった共同体である。神話や儀式に基づく魔術的で統合的な世界であり、人々は集団的無意識を共有し、話し言葉でコミュニケーションをとるため、本能的で感情的に激しやすい面もあった。（「プレイボーイ・インタヴュー」参照）

（2）**グーテンベルクの時代**……視覚優位の時代。表音アルファベットが導入され、さらに十六世紀のグーテンベルクによる印刷テクノロジーの登場で確立。リテラシーが活字によって養われ、人々の思考は直線的、均一的、継続的、連結的、分析的、論理的、超然的となり、専門化、遠近法、個人主義や市民社会を導いた（脱部族化）。

（3）**電子時代**………電子テクノロジー（メディア）の登場で中枢神経系が直接に拡張した時代。視覚の優位性が衰え、聴覚や触覚が復権する。人々は**「古い口承文化**

の統合された場や、部族的な結束力と前個人主義的な思考パターン」に連れ戻される（再部族化）。すると――。

ここで説明を中断して、テキストの途中に戻ります。電子時代になると、「視覚的テクノロジー」の力で追いやられていた共同体的な絆の感覚である「部族主義」（tribalism）が復権します。かつて「細分化と専門化に重きをおく手段」によって「個人」（individual）が生み出された。ところが電子メディアは「集団的形式」（group forms）だとマクルーハンは述べます。電子メディアは、個人ではなく、集団を生み出すということですね。「文字文化以後の人間が利用する電子メディアは、世界を収縮させ、一個の部族すなわち村にする」と彼は言い切る。そこは「あらゆることがあらゆる人に同時に起こる場所」（where everything happens to everyone at the same time）であり、「あらゆることは起こった瞬間にあらゆる人がそれを知り、それゆえそこに参加する」のです。これは、マクルーハンの提唱した有名な「地球村」（global village）を指しています。

「地球村（グローバル・ヴィレッジ）」については、第3講で再度検討しますが、とりあえず、こう考えておいてください。「村」とは、電子メディアによってひとつになった世界を指すこと。そしてその特徴は、「あらゆること」（別々のさまざまなこと）が同時に起こり、誰もがそれを即時に知り、関わりをもってしまう点にあること――。これは7の「聴覚空間」の説明で出てきた「同時多発性」にほかなりません。

ところが**「私たち」**はこうした再部族化について理解がないために、電子テクノロジーの麻痺効果を被っている。要するに「テレビ」というメディアの力によって感覚比率に大きな変化が起きて、感覚に影響を受け、**「お手上げの状態」**(helpless) になってしまう。一九二〇―三〇年代にヨーロッパ人がラジオの「映像」(image) によって再部族化されたことを引き合いに出していますので、**「私たち」**とは北米人(カナダ人と米国人)を指します。

マクルーハンによれば、ラジオは視覚に影響を与えるそうです(『メディア論』第7章「挑戦と崩壊」原書六四頁、邦訳六七頁)。それは「映像」を喚起する力があるらしい。『メディア論』第30章「ラジオ」の冒頭には、もともと土俗的で視覚の弱かったヨーロッパ諸文化はラジオという「部族の太鼓」(tribal drum) に影響され、再部族化に傾いたこと、ところが英米はリテラシーと産業主義のおかげでラジオには影響されなかったとの説が記されています。北米人の世界は**「極端に視覚化された世界」**であるがゆえにラジオの「映像」には耐えたが、**「テレビ・モザイクの走査線の光には免疫がなかった」**、つまり、このパラグラフの冒頭に立ち戻ればわかるように、再部族化され、また、混乱し、**「お手上げの状態」**になってしまったのです。

テレビは視覚ではなく――

ここで皆さんは疑問に思うかもしれません。テレビは視覚を拡張したメディアなのだから、視覚優位の感覚を持つ人々と社会がなぜ影響を受けるのか、と。

実は、マクルーハンによれば、テレビは視覚の拡張ではない。触覚の拡張なのです。彼いわく、テレビ画面とは小さな光の点の集まりである。それがモザイク的な編み目を構成して映像(イメージ)を見せる。一種の点描画とも言える。点だけでは不完全な画像であるため、私たちは点のあいだを想像力の中で埋めていく。詳細な情報を与えないから、私たちは能動的に参加するのだ。テレビの走査線の光は、メッセージを私たちの肌に刺青《いれずみ》していくようなものなのだ、と(「プレイボーイ・インタヴュー」)。実際、画面がモザイクであって、ピクチュアではないところにマクルーハンは注目していて、モザイクは触覚的(tactile)であることを他の機会にも述べていました。

そして、私たちは、視覚には免疫があっても、触覚には免疫がなかった。テレビは触覚の拡張として、触覚を極度に刺激するのです。

ここまで読んで、皆さんが欲求不満を感じていても不思議ではありません。なぜテレビの光が皮膚に刺青をしていくのか、なぜ触覚を刺激することになるのか、なぜモザイクが触覚的なのか、マクルーハンは説明を尽くしていないからです。おそらくすべてはマクルーハンの直観的な意見です。また、画像が飛躍的に緻密になってからのテレビ画面であれば、マクルーハンはもっと違った説を唱えたのではないか、という指摘もなされます。しかしここでは、マクルーハンの説を仮に受け入れて、このテキストの精読を早く終えましょう（あと少しです）。

錯綜するパラグラフ

パラグラフ[9]は、冒頭の「**私たちの被る混乱ほど大きな混乱も想像しがたい**」がトピック・センテンスであり、今日の私たちが「**混乱**」するまでを確かめ、現状を示します。リテラシーによって私たちの知覚が聴覚優位から視覚優位に変化したこと、それは「**脱部族化**」にほかならない。今度は「**電子テクノロジー**」によって触覚等が刺激され、「再部族化」のプロセスに「**混乱**」をきたしているが、その反面、「**西洋世界**」以外の開発途上の地域で従来の印刷テクノロジーを導入して、部族的な世界の「**脱部族化**」を促進している。これは皮肉な状況を淡々と述べたと言えましょう。

パラグラフ末尾の一文はこうです――「**これはまるで、無意識を意識するようになる一方で、無意識の価値を、よりいっそう明晰な意識を働かせて意識的に奨励することを意識す**

るようになるようなものである」（it is like becoming conscious of the unconscious, and of consciously promoting unconscious values by an ever clearer consciousness）。「意識」（consicous; consciousness）と「無意識」（unconscious: unconsciousness）の二語がからみあい、くどいし、わかりにくい。『グーテンベルクの銀河系』本論のうしろから八番目の節（原書二四五頁、邦訳三七一頁該当）にあたると、「無意識」とは「無意識の世界」を指すと気づきます。そこは、印刷テクノロジーの導入で強化された視覚優位によって抑圧された他の感覚の避難先だったのです。諸感覚の復権（再部族化）は、私たちが無意識の世界を意識に引き上げていくことにほかなりません。同時に**「私たち」**（北米人）は、私たちの再部族化のプロセスとは裏腹に、部族的な世界の脱部族化に**「意識的」**（自覚的）に手を貸している状況。まわりくどく、修飾過剰な書き方で説明していますが、マクルーハンはこうした書き方自体で、パラグラフ冒頭の**「混乱」**を表現しているのかもしれません。

再部族化と職業の終焉

パラグラフ10は、**「中枢神経系を外に出したとき」**で始まります。これは、**「西洋人が神経を自分の肉体の外側に出すプロセスを始めたのは」**というパラグラフ1の冒頭に呼応し、テキスト全体の総括と新たな展望を予期させます（音楽形式に喩えるのは私の趣味ではありませんが、長大な交響曲の冒頭で聴いた旋律がいくつもの楽章を経たあとに再び現われて、懐かしい気持ちや安心感を醸し出すのに似た効果があります）。

電子メディアがもたらした「**混乱**」によって、「**私たちは原始的な遊牧民の状態に回帰**」し、「**旧石器時代の人間**」として「**再び地球を放浪する**」ことになった。ただし、現代に探し求め、集めるのは「**食糧**」ではなく「**情報**」である、とマクルーハンは述べます。「**食糧**」も「**富**」も「**生活自体**」も、情報に基づいて入手できるから、ということのようです。

ここで「**オートメーション**」が議論されます。オートメーションとは、何かを生産するときに、その工程の全部を機械によって自動的に行なわせる仕組みを意味します。原理的には「**人間なしでやっていける**」ため、人間の「**労働や技能**」をどのように「**分配**」して投入するかは問題でなくなり、あくまで「**情報を製品に変えること**」になってしまう。これは、断片化された専門的な仕事だけをやってきた「**機械人間**」（mechanical man）にとっては脅威です。彼らは「**変化に対処**」できず、仕事を失います。*

マクルーハンは、自分は未来を語る予言者ではなく、現在を語っているだけだ、と繰り返し述べていましたが、ここの説明は未来予測めいています。オートメーションによって、「機械人間」は仕事を失うし、未来の人々にとってはそもそも「職業」自体が消えるというのです。別に人々が働かなくなると言っているわけではありません。マクルーハンの思

＊　オートメーションに関する背景的な問題については以下を参照．柴田崇「マクルーハンとサイバネテックス――情報関連理論の受容と思想の相関性の一例」，『情報文化学研究』第３号（2005年）：21-28頁．

い描く**「職業」**(work)とは、視覚優位のグーテンベルク時代に生まれた**「専門分化主義」**(specialization)に基づく「特殊機能」(special functions)の発揮であって、**「非関与」**(non-involvement)という概念もそこに結びつけられます。この「非関与」とは**「部分的」**な携わり方を指すでしょう。逆に**「全面的に関与」**するのが**「画家や思想家や詩人」**であり、マクルーハンにとって、その営みは「職業」とは呼べない。**「遊び」**や**「余暇」**を過ごすことと同じなのです(『メディア論』最終章「オートメーション」参照)。こうした芸術家たちのような全面的関与こそが、電子メディアによる**「中枢神経系」**の外化が導いた再部族化の結果として私たちを待ち受けている。それがマクルーハンの説です。『メディア論』の次の一節を読むと、頭の整理となりましょう——

けれども、文字を使わない世界に「職業」(work)は存在しない。原始的な狩人や漁師は、今日の詩人や画家や思想家同様、それを職業にしているわけではない。全人格が関与する場所に職業はない。職業が始まるのは、定住性の農業共同体で労働が分担され、専門的な役割と仕事が分化したときである。コンピューター時代、私たちは再び役割に全面的に関与する。電子時代は「職務」(job of work)ではなく、部族社会同様、献身と関与である。(第14章「貨幣」原書一三八頁、邦訳一三八頁該当)

情報化社会

パラグラフ11では、電子時代の社会と人間の特徴の記述が続きます。最初の文はトピック・センテンスであり、「環境」（environment）が地球規模に拡大し、それのみとなったことと、人々の仕事が**「情報収集」**（information-gathering）に終始することを強調します。米国電信電話会社の例が出ているように、企業は情報を扱い、それをあちこちに「動かす」（moving）ことで**「巨大な富」**を生み、私たち（と共同体社会）も情報の移動（収集）で**「富」**を得ている。しかしもはや「金」（money）は**「時代遅れ」**（obsolete）だそうです。このあたりの理屈は難しい。結局、専門家が消え、職業の分担がなくなる以上、仕事の代価を蓄積・交換する必要がなくなるためでしょうか。ただし、金の代わりにクレジット・カードが必要になる、という記述は、情報として「富」が流通する過渡的な状況として受けとめるべきでしょう。もちろんこれは、マクルーハンの未来図に従えば、の話ですが、このパラグラフは情報化社会の一面を捉えたものと言えるかもしれません。

判断保留と芸術家

パラグラフ12は最終総括です。冒頭の**「古いテクノロジーに慣れきった社会に新しいテ**

クノロジーが押し寄せると、あらゆる種類の不安が生まれる」は、トピック・センテンスです。この「**あらゆる種類の不安**」(anxieties of all kinds) こそ、電子テクノロジー(メディア)によって拡張され、外に出てしまった中枢神経系が味わうものであり、テキストの題名「外心の呵責」に通じますが、そうした「不安」や「呵責」に満ちた今、どんな展望をもつべきかが以下に綴られます。

まず、この「**電子的な世界**」が求めるのは「**地球的な認識による統合された場**」(unified field of global awareness) だそうです。やや理想主義的な匂いがしますが、これは「**電子情報の移動が求める集合的意識**」と言い換えられます。電子メディアを使って情報が世界を駆けめぐるのがまさに電子時代であり、「**集合的意識**」(collective consciousness) とは、再部族化によって視覚優位を克服して無意識を追いやった人々が共有する意識です。そういう人々の新しい意識にとって、視覚優位の中で育まれた古い意識(「**文字文化の人間にふさわしい個人的な意識**」)はもはや通用しない。

ただしマクルーハンは、電子時代の「**集合的意識**」を信じていないことに注意してください。そもそも電子時代の要求に応じることを推奨してもいません。むしろ、電子時代を生き抜くための方針をここに呈示します——「**この窮境において、あらゆる自動的な反射行為を保留することは適切に思われる。**」

『メディア論』第7章「挑戦と崩壊」冒頭がこの一言と共鳴します――

二十世紀の大発見は判断保留の技法（the technique of the suspended judgement）の技法だと宣言したのはバートランド・ラッセルであった。

マクルーハンが好んだ一言です。十九世紀の大発見は「発見の技法」（the technique of discovery）で、発見したものから線的にさかのぼって原点をさぐる発想だった。しかし、「判断保留の技法」は、むしろ逆の方向性で、余計な判断をせずに、現状把握からこれから何が起こるかを予測し、事前の方策を打てる技法である。これは新しいテクノロジーの登場による悪影響を阻止するために意味がある。なぜなら、新しいテクノロジーは感覚麻痺を起こさせ、注意力・判断力を鈍らせるが、「判断保留の技法」は「感覚麻痺を拒絶し、新しいテクノロジーを社会全体の精神に挟み込む手術を無期延期にする可能性」を秘めているのだ。――そんな内容です（ただし哲学者ラッセルの言葉の出典は不明）。

そしてこの技法を駆使できる人たちとしてマクルーハンが希望を託すのが「芸術家」（artists）です。彼らは「あらゆるメディアにおいて、新しい圧力のもたらす課題にいち早く反応する」のであり、「昔の形式や達成したものを破壊することなく、新しいテクノロジー

による新しい生き方を示してくれる」とマクルーハンは期待します。新しいメディアも「**玩具**」(toys)ではない。「**マザー・グースやピーター・パンに夢中な程度の重役たち**」(Mother Goose and Peter Pan executives)とは、新時代の舵取り役と思われている政財界等の偉い人たちを指し、彼らの認識が幼稚であることを揶揄しているのでしょうか。いずれにせよ、新しいメディアは彼らには扱えない。新しいメディアを「**委ねられるのは新しい芸術家のみ**」なのです。

これが結論です。パラグラフ冒頭で言及された新しいテクノロジーが社会に生み出す「不安」——それに何らかの形で対処してくれるのが「芸術家」なのです。しかし、なぜ「芸術家」なのか、そもそも「芸術家」とは何者なのでしょうか——。それについてはこれ以降に論じます。

長い授業になりましたが、最後に、テキストの最初のパラグラフの冒頭を見直してください。「**神経を自分の外側に出すプロセス**」の開始は電信という新しいテクノロジーでありメディアでした。それに続く一連の電子メディアによって「拡張」された私たちの中枢神経系が「不安」にさらされ「外心の呵責」にさいなまれる新しい時代。そこに到ったプロセス(グーテンベルク時代をはさんだ脱部族化と再部族化のプロセス)を知ること、電子メディアが生み出した新しい世界(すべてが同時に起こり、万人が関与する「村」)の諸相に気づくこと、そこに生じる「不安」に対処するために「芸術家」に期待を寄せること。以上が、このテキスト「外心の呵責」の内容です。それはマクルーハンが眺望した（あるいは五感で感じ取った）時空間。いわば「マクルーハンの見た光景」です。

ではこのような「光景」を見たマクルーハンとはどんな人だったのでしょうか。残念ながら、エピソードに満ちた彼の伝記には踏み込めませんが、* 第2講ではまず彼の略歴を押さえ、それから主要著作の解題を進めます。また、マクルーハンの基本的な発想についでは、この第1講だけでも数多く紹介しましたが、紹介しそびれた重要な概念はまだありますす。それを検討すると、「マクルーハンの見た光景」がいっそう明らかになるでしょう。その上で、第3講で「マクルーハンのいる光景」すなわち「地球村」のありようを再確認し、この講座『マクルーハンの光景』は完結することとなります。

＊　マーシャンとゴードンの伝記がある．Philip Marchand, *Marshall McLuhan: The Medium and the Messenger* (Toronto: Random House, 1989); W. Terrence Gordon, *Marshall McLuhan : Escape into Understanding* (Toronto: Stoddart, 1997).〔後者は邦訳刊行予定〕

第2講　メッセージとメディア

マクルーハンの半生

ハーバート・マーシャル・マクルーハンは、一九一一年七月二十一日（金）に生まれました。場所はカナダ中西部、プレーリーと呼ばれる大平原の広がるアルバータ州の州都エドモントン。父ハーバート・アーネストは不動産業を営み、やがて保険の外交員に転じました。母エルシーは元学校教師で、のちに朗読家になり、各地で独演会を開くほどになりました（声や聴覚を重視するマクルーハンの思想には母親の影響があるかもしれません）。

一九二八年、マクルーハンはマニトバ大学に入学。翌年、工学から英文学に専攻を変更、三三年に学士号を、翌三四年に修士号を取得。英国のケンブリッジ大学に留学。現地ではマニトバ大学の学位が認定されず、やむなく学士課程に入り直しますが、文学理論の大家I・A・リチャーズやF・R・リーヴィスに学び、米国のニュー・クリティシズムに通じる批評方法に触れることとなりました。簡単に言えば、作者の意図や伝記的背景などの予備知識は無視して作品自体を分析し、どんな効果を生み出すかを見極めるのです。メディアが生み出す効果を重視するマクルーハンの態度もこの頃に養われたのかもしれません。

三六年には改めて学士号を取得。博士論文の準備を進めつつ英国を離れ、翌三七年九月からセントルイス大学の講師となる。この大学は米国有数のカトリック系大学（イエズス会）です。実はマクルーハンは、同年三月にプロテスタント（バプテスト派）からカトリックに改宗していました。かねてよりカトリックの作家や思想家に傾倒してきた結果でした。マクルーハンと宗教（カトリシズム）の関係は本講では扱いませんが、大きな問題です。三九年八月、一歳年下でテキサス生まれの演劇の教師コリンヌ・ケラー・ルイスと結婚。四二年、長男エリック誕生（最終的にマクルーハンは二男四女に恵まれることになります）。その間も教授活動と博士論文の執筆を進め、四三年四月に論文は完成し、同年十二月に、ケンブリッジ大学より博士号を授与されます。

博士論文の位置

「当時の学問におけるトーマス・ナッシュの位置」（The Place of Thomas Nashe in the Learning of his Time）というのが博士論文の題名です。トーマス・ナッシュ（一五六七－一六〇一）とは、十六世紀（エリザベス一世やシェイクスピアの時代）に活躍した英国の作家・劇作家です。「パンフレット」と呼ばれる小冊子に諷刺的な政治・社会時評や文芸評論などを書き、人気を得ました。マクルーハンはテキストの分析に基づき、当時までの「学芸」(liberal arts) の歴史にナッシュを位置づけたのです。

その際にマクルーハンが着目したのは「トリウィウム」(trivium) です。それは「文法」(grammar)、「論理」(dialectics)、「修辞」(rhetoric) の三つを指し、中世ヨーロッパの大学で「学芸」の基礎として教えられた「三学科」です(なお「文法」は今日の意味とは異なり、「解釈」の技法と考えてください。「詩学」とも呼ばれます)。

構想は壮大でした。古代ローマの哲学者キケロからアウグスティヌス(四世紀)、アベラール(十一世紀フランスのスコラ哲学者)、エラスムス(十五世紀ルネサンスの人文主義者)と、それぞれの「トリウィウム」を分析し、その上で、ナッシュの「トリウィウム」を論じたのです(ナッシュの章は全体の四分の一程度です)。

この博士論文は埋もれていましたが、完成から六十三年後(マクルーハンの死から二十五年後)の二〇〇六年に初めて出版されました。* カバーに記載された宣伝文句を借りれば、これは「各時代の詩学・修辞学・論理学の盛衰を詳述しつつ二千年の歴史をたどるコミュニケーションの研究」です。結局、マクルーハンはこの博士論文の作成を通して、西洋の文字文化のリテラシーの根本とその変遷を理解したのでしょう。『グーテンベルクの銀河

* Marshall McLuhan, *The Classical Trivium: The Place of Thomas Nashe in the Learning of His Time*, edited by W. Terrence Gordon (Corte Madera: Gingko Press, 2006).

系』も『メディア論』も、その成果の延長線上にあったのです。
しかし、なぜ、ナッシュという作家を取り上げたのでしょうか。論文内部でのマクルーハンの主張は別の機会に探求するとして、表面的なことだけ申し上げておきましょう。ナッシュが言論の発表に用いた「パンフレット」とは、印刷物であり、広く人々に読まれた初期のマス・メディアだったのです。そうした新しいメディアが登場したときに、書き言葉の文体がどんな変容を遂げるのかについて、おそらくマクルーハンは気づいた。博士論文はマクルーハンのメディア論の出発点（のひとつ）でもあったのです。

『機械の花嫁』（一九五一年）

やがてマクルーハン自身が、ある意味で、現代のトーマス・ナッシュになります。一九四四年から米国の社会・文化批評を書き始めたのです。そしてそれを集大成した仕事が、一九五一年、四十歳の秋に出版した初の単行本、『機械の花嫁』[*]でした。
『機械の花嫁』（*The Mechanical Bride*）には、「産業人間のフォークロア」（*Folklore of Industrial Man*）という副題がついています。原書は縦二五×横二〇・五センチの大判の本です。序文と五十九章による構成で、各章には、商品広告や漫画の一コマが掲載され、本文の横には、その章を総括する質問も並びます。

＊ Marshall McLuhan, *The Mechanical Bride: Folklore of Industrial Man* (New York : Vanguard Press, 1951); Corte Madera: Gingko Press, 2002.〔邦訳は「読書案内」参照〕

『機械の花嫁』は、米国の大衆文化（ポップ・カルチャー）を探求した本です。

マクルーハンは序文に書いています。テクノロジーの発達が産業化社会を生み出した。そこでは、「新聞、雑誌、ラジオ、映画、広告」の世界が大衆の心を捉え、彼らは「集団的な夢」（collective dream）を見ている。その「夢」こそが現代の「神話」であり「フォークロア」（民話・民間伝承）にほかならない。

「フォークロア」だとすれば、それは大衆の中から自然に形成されてきたものでしょうか。マクルーハンの答えはノーです。作り手は大衆ではない。作り手の中心は広告代理店なのだ。しかもその推進力や起動力は強大で、人々を無力（helpless）にしてしまう、と。

でも、マクルーハンはそういう状況を即座に批判するわけではない。彼は喩え話を持ち出します。エドガー・アラン・ポーの短篇小説『メールストロムの渦巻』（一八四一年）です。海の大渦巻きに遭遇した男が、ボートとともにそこに巻き込まれつつも、事態を冷静に観察できたおかげで生還する話です。「新聞、雑誌、ラジオ、映画、広告」などの「機械的作用」（mechanical agencies）の威力に巻き込まれるのは仕方がない。それでもなお生き残るためには、まずあるがままを観察しようではないか――。

授業第1講でも似た説明をしました。マクルーハン本人の発言――「古いテクノロジーに慣れきった社会に新しいテクノロジーが押し寄せると、あらゆる種類の不安が生まれる」

(パラグラフ⑫)。だから、新しいテクノロジーによる「感覚麻痺」から身を守るために「判断保留の技法」を駆使しようという主張です。「外心の呵責」での「新しいテクノロジー」とは「電子メディア」でした。ところが『機械の花嫁』では、「電子メディア」どころか、「メディア」という表現も特に使われない。「メディア＝テクノロジー＝身体器官の拡張」といった図式もまだ現われません。「新聞、雑誌、ラジオ、映画、広告」は、産業革命以降に急速に進んだ機械化の産物にとどまっています。

ユーモラスで(ちょっとエッチな)語り口を通してマクルーハンが抽出するのは、米国大衆文化の三つの要素です。「性」と「テクノロジー」と「死」。——米国の広告や記事を構成する写真や文言には、性的な欲望を刺激し、最新のテクノロジーによる機械化を誇示する。そこにさらに死を匂わせる恐怖感(スリル)や暴力性(サディズム)を楽しませるような要素が見え隠れする。書名となった「機械の花嫁」という表現も、今述べた要素のうちで、特に、テクノロジー(機械)と性(花嫁)が融合して生まれた「フォークロア」が米国大衆文化であることを示唆しています。

花嫁はどこから来たのか

ちなみに「機械の花嫁」という書名は、美術家マルセル・デュシャン(一八八七―一九六八）の作品を想起させるとの指摘がすでにあります。[*] 通称『大《おお》ガラス』（*The Large Glass*）として知られる有名な大作、『彼女の独身者たちによって裸にされた花嫁、さえも』（*The Bride Stripped Bare by Her Bachelors, Even*）です（一九一五—一九二三年、未完）。貼り合わされた二枚のガラス・パネルは上下に仕切られ、上部には「裸にされた花嫁」とおぼしき物体が、下部には機械仕掛けの「独身者たち」が描かれています。さまざまな解釈があり、関連書も多いですが、マクルーハンがこの作品を意識していたとすれば、『機械の花嫁』と連動してどんな解釈ができるでしょう。これは皆さんが考えてみてください（なお、同時期のデュシャンは、ほかにも『処女』『花嫁』『処女から花嫁への移行』といった機械風の油彩画を残しています）。

そして「機械の花嫁」とは、この本の第38章の題名でもあります。その章（原書九八—一〇一頁）を飾るのはナイロン・ストッキングの広告です。円柱状の台座の上に、ハイヒール（とストッキング）を履いた二本の脚が載っています。女性の立ち姿のポーズですが、脚しか描かれません。

二本の脚は「交換可能部品」（replacable parts）になった。マクルーハンはそう説明します。産業の発達により、女性のセクシーな二本の脚ですら機械部品のように遊離し、人々を刺激する広告にも現われたけれども、これは人間の機械への隷属をも示唆している

＊　Gordon, 153.

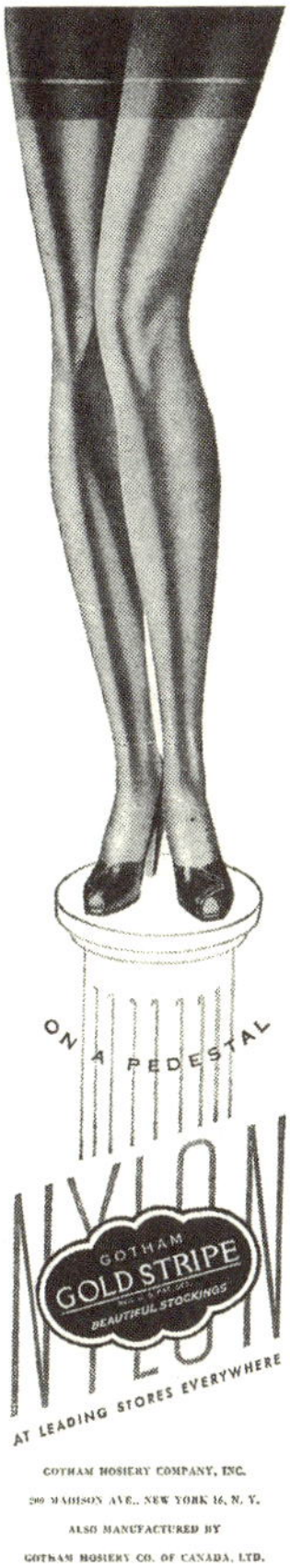

『機械の花嫁』初版表紙と，第38章掲載のナイロン・ストッキングの広告

のです。実際、『機械の花嫁』初版の表紙は、この「二本の脚」がデザインされた上下二つの歯車が中央の歯車と嚙み合っている絵でした。

マクルーハンは、この「機械の花嫁」の章で主張します――しかし、人々がみずから機械となることを喜ぶという滑稽な光景もみられる。そんな「罠《わな》」から逃れるには「ばか笑いによる超然的な力」に頼るしかない。マクルーハンはそう述べて、芸術と文学を持ち出します。一例はデュシャンの有名な油彩画『階段を下りる裸体』(*Nude Descending a Staircase*)です。「アーティチョークがストリップショーを演じているような」その絵は、「人間ロボットを夢幻的な足枷から解き放つための浄化の戯れ」なのだ、と。ピカソのいくつかの絵画も、ジェイムズ・ジョイスの『フィネガンズ・ウェイク』も同様である、と(この長篇小説は、「汚れきった話し言葉と社会を笑いの噴出によって一気に洗い清めるための知的努力」なのだそうです)。

新聞・マラルメ・キュビスム

結局、『機械の花嫁』は、一九四〇年代から五〇年代にかけての米国の大衆文化(広告文化)を観察し、ユーモラスに評釈することで、人間を隷属化させるテクノロジーと機械文明への批判をやんわりと行なったものと総括できます。活字文化の到達点である「広告」や「漫画」を扱うことで、電子メディア時代到来直前の社会の本質を見極めようとしたのであり、その試みは出版から半世紀を過ぎた今なお色褪せていないように思われます。

色褪せない理由のひとつは、電子メディア時代の本質（と彼の信じるもの）に通じる発想やヒントがすでに呈示され、実践されているからかもしれません。実践面から先に言えば、各章が等価に並ぶ、本書のモザイク的構成です。「円を描くような視点に基づくため、読む順序は自由」であり、「どこを読んでも一個の社会的光景（social landscape）をいろいろな方向から見ているのと変わらない」（序文）とあります。これを可能にする発想の基本は何か。それは『機械の花嫁』では本文第1章「第一面」（Front Page）で論じられています。「外心の呵責」にも出てきた**「新聞の紙面のモザイク」**です。

すでに第1講で確かめたように、マクルーハンは**「日付によってのみ相互に関連づけられ」**たばらばらな記事と広告に**「同時多発性」**を見出し、それが集められた新聞紙面こそが聴覚空間であり、**「一体化したモザイク」**であると述べました⑦。『機械の花嫁』第1章（原書三―四頁）では、その特徴を「非継続性」（discontinuity）と呼んでいます。つまり、脈絡のない事件があちこちで起こったり、同時に存在したりする状況です。マクルーハンがこれを持ち出す論拠はフランス象徴派詩人ステファン・マラルメ（一八四二―一八九八）に負うらしい。こうした紙面の特徴に芸術形式を見出したのがマラルメだったのだとマクルーハンは好んで語っていました。[*] そのほか彼は相対性理論、キュビスム絵画（ピカソなど）、ジョイスの小説等を持ち出し、これらの描く世界が、従来の時間と空間の観念——均一・継続的・連続的な視覚空間——を壊していることを強調した（本講五三頁の引用箇所参照）。キュビスムの絵画がいちばんわかりやすいかもしれません。遠近法をつかさどる一個の視点を否定し、対象のあらゆる面を同時に捉える（『メディア論』原書一三頁参照、邦訳一三頁該当）。その意味でまさに「同時多発性」の世界であり、紙面にも通じるし、これは電子メディア時代に甦る聴覚空間です。『機械の花嫁』ではさらに、この地球を「一個の都市」（a single city）と見る発想にもマクルーハンは触れており（原書三頁）、「地球村」の発想の源流すらここに見つかるのです。

『機械の花嫁』執筆の動機は、大衆文化を理解して学生とのコミュニケーション・ギャップを克服するためでした。そこからメディア論の基礎が出来上がったのは興味深いですが、従来の文学的・文化的素養があったからこそ実現したとも言えます。

ところで、この『機械の花嫁』を出版したとき、マクルーハンはすでに米国を去っていました。彼は四六年九月より、トロント大学に着任しました。トロント大学には、キリスト教のさまざまな宗派に基づくカレッジがありますが、所属先はカトリック系のセントマイケルズ・カレッジでした。マクルーハンはこの伝統あるカレッジ（一八五二年創立）の英

＊　例えば以下の論文あり．Marshall McLuhan, “Joyce, Mallarmé, and the Press” (1953), in *Essential McLuhan*, edited by Eric McLuhan and Frank Zingrone (Toronto : Anansi, 1995), 60-71.〔「ジョイス・マラルメ・新聞」出淵博訳，丸谷才一編『現代作家論ジェイムズ・ジョイス』（早川書房，1974年）所収，319-41頁〕

文学のスタッフとなったのです。

『探求』誌創刊（一九五三年）

しかし、『機械の花嫁』を出版してからのマクルーハンの仕事は、英文学の研究・指導にとどまりませんでした。トロント大学の同僚に、エドマンド・カーペンターという人類学者がいて、その人と、学外の助成金を得て共同研究を始める。テーマは「言語と行動における変化のパタンと、コミュニケーションの新しいメディア」。研究会には経済学、心理学、建築学等、さまざまな分野の学者が集まりました。一九五三年のことです。

その年の十二月に雑誌も創刊します。『探求』（*Explorations*）です。各号の巻頭にその趣意説明がありました――

『探求』誌は、子孫のために真理を保存する永久的な参考雑誌ではなく、探求し、調査し、問いかける出版物として企図されました。

本誌の意図は、人文科学と社会科学を連続体として扱うことで、それらを横断するところにあります。私たちは信じています、人類学とコミュニケーション論はアプローチであってデータの固まりではないことを、そして、人文科学、物理学、生物学、

社会科学という四つの風は、それぞれの内部で混ざり合い、人間を扱う科学を構成することを。（雑誌第二号より）

人文科学と社会科学を地続きにするとか、そこに物理学や生物学を加えて「人間を扱う科学」を構成するといった主張は、今なら「学際的」なアプローチとして普通ですが、当時はまだ新しかったようです。人類学（anthropology）とコミュニケーション論（communications）という比較的若い学問に積極的な価値を見出していることも注目です。

この雑誌には、マクルーハンやカーペンターを含め、さまざまな分野の研究者が寄稿しました。結局、一九五九年までに全部で九号が世に出てひとまず休刊となりましたが、その内容は、翌六〇年に代表的な論文（二十一本）を再録して出版された単行本『コミュニケーションの探求』*（*Explorations in Communication*）に集約されています。そこに並ぶ執筆者名と題名を確認するだけでも意味があります。例えば——共編者カーペンター「新しい言語」、心理学者ローレンス・フランク「触覚的コミュニケーション」、人類学者レイ・バードウィステル「キネシクスとコミュニケーション」、建築史家S・ギーディオン「先史芸術の空間概念」、景観設計家ジャクリーヌ・タイアウィット「動く目」、画家フェルナン・レジェ「純粋な色」、社会学者デイヴィッド・リースマン「口頭と文字のコミュニケー

* Edmund Carpenter and Marshall McLuhan, ed., *Explorations in Communication: An Anthology*（Boston : Beacon Press, 1960).〔邦訳は「読書案内」参照〕

ション」、英国の学者ヘンリー・ジョン・チェイター「読むことと書くこと」、文化批評家ギルバート・セルデス「コミュニケーション革命」、仏教哲学者の鈴木大拙「仏教における象徴主義」。各種メディアやコミュニケーションの問題、言語や知覚の問題、各種文化での空間概念の問題などが論じられていることが察せられると思います。そしてこれらを読めば、のちのマクルーハンの所説の多くがすでに他者によって語られていたと気づき、戸惑うかもしれません。これはどう受けとめたらよいのでしょうか。

日本でいち早くマクルーハンを学術的に紹介した後藤和彦は、「法人マクルーハン」と表現しました。つまり、マクルーハンという思想家は「個人」ではなかった。後藤は述べます。確かにマクルーハンは『機械の花嫁』で「五〇年代初期のアメリカ文明の諸現象形態を、ただ機械工業生産の原理に基づく同時代人のフォークロアとして提出した」けれども、それをもたらした「文明の歴史の展開」を解する問題意識や方法論をもっていなかった。それらを獲得したのは、『探求』誌での他の研究者の仕事を通してであったのだ、と。「マクルーハンは発言のアンソロジストであり、彼の文明論はそのままアンソロジーなのである。それはマクルーハン個人の仕事というよりも、数多くの専門的発言を土台にしたオルガナイザーの発言であり、いわば法人マクルーハンの発言なのである*」。

これは本質を突いています。でも、（後藤も認めているように）アンソロジストにも才能

* 大前正臣，後藤和彦ほか『マクルーハン――その人と理論』大光社，1967年，34-35頁．

が必要なのであって、マクルーハンの存在価値をむやみに否定するわけにはいきません。ビジネスの世界でも、「個人」では無理でも「法人」ならばできることがある。請け負える仕事がある。テキスト「外心の呵責」でもみたように、神話、文学、知覚論やテクノロジー論を総動員したメディア論は、いわば、この『探求』という法人組織の中で醸成された。マクルーハン自身、『探求』に「聴覚空間」(カーペンターとの共同執筆)、「言語に与えた印刷物の影響」、「壁のない教室」等を書き、その後の持論の先駆としました。

それはそれとして、『探求』誌それ自体の成果はどう総括すればよいでしょうか。さきほどの趣意説明が法人の予算案だとすれば、決算報告はこうです――

『探求』誌は、印刷、新聞、テレビといった言語の文法を探求した。思想や感情の梱包と流通に起こった革命が人間関係ばかりか感性をも変えてきたと論じた。さらに、西洋人の形成にリテラシーが担った役割について私たちがおよそ無知であり、現代の諸価値の形成に電子メディアが担う役割にも気づいていないことも論じた。

これは『コミュニケーションの探求』に共編者マクルーハンとカーペンターが寄せた「序文」の第二パラグラフ冒頭です。そして序文は次のように締めくくられます――

メディアの文法を理解せずには、私たちの暮らす世界の現在のあるがままを認識できるはずがないのである。

その後もマクルーハンは実は「法人」であり続けたのですが、まさにこの「メディアの文法」(media grammars) の記述を「個人」名義で本格的に発表していくことになりますし、同時に「探求」の姿勢を崩さなかった。「私は説明しない。探求するのみ」(I don't explain, but explore) と、彼は繰り返し述べたのです。

『グーテンベルクの銀河系』(一九六二年)

一九六二年六月、マクルーハン第二の単著『グーテンベルクの銀河系——活字人間の形成』(*The Gutenberg Galaxy : The Making of Typographic Man*) がトロント大学出版局より刊行されます。この本は注目を集め、同年、カナダ最高の文学賞であるカナダ総督賞(ノンフィクション部門)を受賞しています。彼が五十一歳を迎える年でした。

副題の「活字人間の形成」がその内容を端的に物語っています。第1講でも述べたとおり、表音アルファベットとグーテンベルクの印刷機に始まる各種のテクノロジーがどのように人間の思考様式を確定させ、いわゆる「活字人間」を形成させたかを論じた本です。それは「活字人間」を生み出した「グーテンベルク時代」(Gutenberg Era)を描いた本でもありました(実際、執筆中の題名は「グーテンベルク時代」でした)。そこには博士論文で培った西洋文化のリテラシーに対する学識がいかんなく発揮されていますし、古今のさまざまな哲学者、学者、哲学者、作家、芸術家の著作や仕事を援用しています。例えば、ソクラテス、アリストテレス、ベーコン、パスカル、ハイデッガー、ポランニー、ホワイトヘッド。オング、シュペングラー、テイヤール・ド・シャルダン、デュルケム、フレイザー、ホイジンガ、ポパー、ホール。ニュートン、ハイゼンベルク、アイシュタイン。ホメロス、シェイクスピア、ブレイク、イプセン、ジョイス。ミケランジェロ、セザンヌ、ピカソ……。これらは氷山の一角です。

また『グーテンベルクの銀河系』では、電子メディアの登場による時代の変化をめぐる議論をちらつかせながら、それを詳述する直前で終えているのも特徴です。マクルーハンは最終節でこう述べています。この本の使命は「アルファベットと印刷機から生まれた機械的なテクノロジーの検証」にあった、と。考えてみれば、「機械的なテクノロジー」(mechanical technology)とは、『機械の花嫁』で論じられた広告文化が拠って立つところの産業社会を発達させたテクノロジーです。『グーテンベルクの銀河系』は、『機械の花嫁』で扱った文化とテクノロジーが、基本的には「グーテンベルク時代」に発達した機械文明の産物（その最終段階）であったことを論じ切った本でもあったのです。

しかし、なぜ「銀河系」なのでしょう。「前書き」から判断するに、「グーテンベルク時代」に生まれたさまざまな事象が、宇宙空間の星々のように、三次元に散りばめられ、また相互に関連をもっている様子をマクルーハンは示したかった。それは「モザイク」という記述の手法でもありました。最終節を含めれば、本文は一〇九個の短い節から構成され、しかも個々の節には挑発的な見出しが掲げられている。例えば「表音文字技術が精神構造として内化されたとき、人間は聴覚中心の呪術的世界から、中立的な視覚的世界へと移った」とか、「非文字社会の人間は、なぜ相当な訓練をうけないと映画や写真を鑑賞できないのか」とか、「セルヴァンテスはドン・キホーテ像というかたちで活字人間と対決したのだった」といった見出しです（以上、森常治訳）。アフォリズム（警句）のようでもあり、各節を要約したトピック・センテンスのようでもあり――。

加えてこの本では、「法人マクルーハン」の資産運用もしっかり行なわれています。『探求』の書き手やその仕事もしばしば言及され、知覚論、空間論、芸術論、コミュニケーション論等が活用され、「メディアの文法」を駆使しています。

今「コミュニケーション論」と言いましたが、『探求』発刊の前年に亡くなった経済史学者ハロルド・イニス（一八九四―一九五二）の存在には触れておくべきでしょう。トロント大学教授だったイニスは「ステープル理論」の提唱者として世界的に著名です。「ステープル」とは主要産品を指します。カナダは鱈《タラ》、毛皮、木材・パルプ、小麦といった天然資源や一次産品を輸出する過程で海外需要に依存した従属的な経済発展をしてきた。その仔細を理論化したのがイニスでした。

後年のイニスは、鉄道や水運といった輸送の「メディア」が国家の政治経済基盤に与えた影響に注目するようになり、やがてコミュニケーション・メディアの研究に傾倒しました。マクルーハンは晩年のイニスと親交もあり、その理論に影響を受け、その著作を『探求』でも取り上げましたし、『グーテンベルクの銀河系』でも何度も言及しています。一九五一年に出版されたイニスの著作『コミュニケーションのバイアス』が六四年に復刊されたときにマクルーハンは序文を寄せました。その中でこう述べたのです。自分の『グーテンベルクの銀河系』はイニスの所見に対する一個の注釈なのだ、と。*

これはお世辞とも、慢心ともとれますが、とにかく、博士論文でのリテラシーの学識、『機械の花嫁』のモザイク的スタイル、『探求』で得た「メディアの文法」の解読法——これらが融合して生まれたのが六二年に出版されたマクルーハンの主著『グーテンベルクの銀河系』だったのです（そして翌六三年に発表されたのが「外心の呵責」です）。

＊ Marshall McLuhan, introduction to Harold A. Innis, *The Bias of Communication* (Toronto: University of Toronto Press, 1964), ix.〔邦訳は「読書案内」参照〕

『メディア論』（一九六四年）

さて、その二年後の一九六四年五月、『グーテンベルクの銀河系』の続編が登場しました。『メディア論――人間の拡張』（*Understanding Media: The Extension of Man*）です。全米で注目され、マクルーハンを一躍時代の寵児にした本です。

この『メディア論』については、断片的ながら、第1講で、すでに何度か言及してきました。「外心の呵責」の精読を通して、『メディア論』の基礎知識を私たちはひととおり共有しています。マクルーハンにとっては「メディア＝テクノロジー＝身体器官の拡張」でした。そして電子メディア（電子テクノロジー）とは中枢神経系の拡張であり、電子メディアの登場で、「感覚比率」が変化し、私たちの知覚では視覚が優位であったのが、聴覚や触覚が力を取り戻し、人間の思考も変わった、という話を思い出してください。「感覚麻痺」や「自己切断」という言葉も紹介しました。

『メディア論』は、「人間の拡張」である現代の電子時代のメディア（テクノロジー）をひとつひとつ取り上げて評釈している本ですが、本の前半では議論の前提として独自の概念がまず提起されています。それを取り上げてこの第2講の締めくくりとしましょう。二つあります。「メディアはメッセージである」という有名な標語と、「ホット・メディア／

クール・メディア」という概念です。

ホットとクール

先に「ホット・メディア／クール・メディア」の概念を紹介します。メディアを「ホット」と「クール」の二つに分類しました。基準は「精細度」(definition) と「参加度」(participation) です——

ホット・メディア：高精細度＝低参加度（ラジオ、活字、写真、映画、講演）

クール・メディア：低精細度＝高参加度（電話、話し言葉、漫画、テレビ、セミナー）

いきなりこう分類されてもピンとこないかもしれません。マクルーハン本人も何気なく書いているので、人々は首をかしげました（また、マクルーハンは、コミュニケーション・メディア以外の人間の「拡張」にも適用しました。米国の大型車はホットでヨーロッパの小型車はクールだ、とか、ストッキングはスムース・ナイロンがホットでオープン・メッシュがクールだ、政治家のニクソンはホットだからラジオ向きで、ケネディはクールだからテレビ向きだ、などと

『ニューズウィーク』誌（1967年3月6日号）表紙

分類しました)。

まず「精細度」とは、情報(データ)の密度です(内容そのものではなく、内容を構成する素材の豊かさです)。そして「参加度」とは、不足の情報を受け手が頭の中で「補完」する程度を指します。

メディアの伝える情報の密度が高いと、補完する必要がない。それを受け手の「参加度が低い」と表現します(高精細度=低参加度)。これが「ホット・メディア」です。

逆にメディアの伝える情報の密度が低いと、受け手は、不足の情報を頭で考えて補完する必要がある。それを「参加度が高い」と表現します(低精細度=高参加度)。これが「クール・メディア」です。

マクルーハンに言わせると、例えば、ラジオも活字(本)も写真も映画も講演も、情報の密度が濃いから補完は不要で、受け手の参加度が低い。だから「ホット」だ。反対に、例えば電話は、耳に入ってくる情報量が少なく、全神経を集中しなくてはならないから参加度が高まる、と(話し言葉も同様)。漫画も(写真に較べて)視覚的な情報が少ないから参加度が高い。テレビは、走査線の粗い光が構成する点描画だから、それを補うために、観る人は想像力を動員し、能動的に参加する。だからこれらは「クール」だ、と。

この二分法の妥当性はともかく、「ホット」と「クール」のラベルはどうやって貼り分けたのでしょう。この問題は読者や批評家を混乱させましたし、研究者もさまざまな考察を試みていますが、ひとまずこう考えたらどうでしょう。ホット・メディアは「放熱のメディア」、クール・メディアは「吸熱のメディア」だと。メディアには相応の「熱」がないと活発に役割を果たさない。ホット・メディアはすでに十分な「熱」があるから、受け手が暖める必要はない。ところがクール・メディアは「熱」が不足している。だから受け手が何らかの行動で暖める必要がある。その行動とは、神経を集中し、思考力・想像力を発揮することだ、と（ただしこれは便宜的な理解であって、「クール」の語源的な議論については『メディア論』の序文や、門林岳史の論文を参照してください）。*

こう説明してくると、受け手はホット・メディアにはのめり込まず、夢中にもならないように聞こえるかもしれません。でもそれは違います。ラジオや活字（本）にだって思わず引き込まれて、夢中になることだってある。逆にクール・メディアのテレビや漫画にのめり込めず、「補完＝参加」を果たせないこともあり得るでしょう。

二分法の本質

以上のようにマクルーハンは、情報の補完の程度でホット・メディアとクール・メディアを区分しましたが、この区分からはほかの特徴も読みとれます。

＊　門林岳史「クールの変容――マクルーハンの方法とその時代」，『超域文化科学紀要』第 9 号（東京大学大学院総合文化研究科超域文化科学専攻，2004年 9 月）：87-101頁．

例えば小川博司は、メディアが拡張する感覚が「単一感覚」か「全身感覚」かを重視しました。[*] つまり、単一感覚を拡張するメディアはホットです。ラジオ(聴覚)、活字(視覚)、写真(視覚)がこれに該当し、マクルーハン本人も「単一の感覚を高精細度で拡張する」のがホット・メディアだと述べていました(『メディア論』原書二三頁、邦訳二三頁該当)。すると逆に、複合的に全身感覚を拡張するものはクール・メディアだという話になりますが、その代表としてマクルーハンが挙げたのは、テレビです。

マクルーハンにとって、テレビが視覚の拡張ではなく、触覚の拡張であることはすでに第1講で説明しました(五九―六〇頁)。そして彼は触覚を「諸感覚の相互作用」と考えていました。つまり、視覚を通り越して、触覚に直接訴えかけ、全身感覚を動員する(全感覚を拡張する)のがテレビだと主張したのです。

メディアを区分したときの特徴はほかにもあります。ホット・メディアには、「独白」(monologue)を特徴とするメディア(講演)が、クール・メディアには、「対話」(dialogue)を求めるメディア(電話、話し言葉、セミナー)が含まれていることも注意してください。「対話」とは参加の一形態であり、メディアを暖めるのです。

そして「独白」から想起されるのは「直線性」です。テキスト「外心の呵責」で読んだように、「直線性」あるいは「線的」な傾向とは表音アルファベットとグーテンベルクが

* 小川博司『音楽する社会』(勁草書房, 1988年), 7-10頁.

導いた時代の特徴です。つまり、ホット・メディアとは、専門化や細分化を導いた従来の「グーテンベルク時代」の産物としてのメディアだと気づきます。単一の感覚に訴えるメディアが並んでいることからもわかります。すると対極のクール・メディアも自明です。「対話」や全身感覚に訴えるクール・メディアとは、中枢神経系の拡張した「電子時代」を代表する電子メディアか、再部族化において見直される聴覚重視のメディアなのです。

「メディアはメッセージである」と訳してよいか

さあ「ホット」と「クール」の議論がわかったところで、その根本にある発想を確かめましょう。それが、“The medium is the message.”です。近年は「メディアはメッセージである」と訳されることが多いようです。「メディア」の原語はよく見ると medium です。medium（ミーディアム）とは単数形で、複数形が media（ミーディア）です。日本語では複数形が定着していることと、これはラテン語起源の言葉なので、ローマ字風の読み方をして「メディア」と表記します。

これは標語であり、アフォリズム（警句）だとも考えられます。ちなみにマクルーハンは、アフォリズムは「クール」だと述べています。「不完全ゆえに奥深い参加を求める」からです（『メディア論』第2章）。つまり、世の中や人生の真理を凝縮した短い表現は受け手を考えさせる。それこそがマクルーハンが人々に求めた「探求」の態度であり、彼はそれを「プローブ」とも呼びました。「プローブ」(probe)とは「探査」や「探り」といった意味で、それを促す含蓄のある言葉、つまり、マクルーハンならではの謎めいたアフォリズム自体も、いつしか「プローブ」と呼ばれ、彼の「ご託宣」のように受けとめられるようになりました。なぜ「ご託宣」かというと、マクルーハンが十分な説明をせず、はぐらかすからです。

この標語も「プローブ」の一種と受けとめてかまいませんが、すでに読み解かれてはいます。簡単に言えば、メディアの重要性を訴えた標語だ、ということです。では具体的に、どのように重要なのか——。第1講を受けた皆さんなら、新しいメディア(テクノロジー)の登場で、人間の感覚比率に変化が起こる、とか、新しい環境が生まれる、といった説明を試みるかもしれません。正しいです。あるいは、これは形式(メディア)と内容(メッセージ)の問題であって、形式に注目することの重要性を訴えたものだ、とも解釈できましょう。でもこれらの説明・解釈は予備知識に基づく理解であって、この「プローブ」だけから導き出されてきたものではありません。プローブに基づく内発的な説明はできないものでしょうか。(そもそも「メディア=メッセージ」と、等号で結べることの説明になっていないじゃないですか。)

「メディアはメッセージである」は、『メディア論』第1章の題名でもあります。ちなみにマクルーハン本人はその第一パラグラフでこう説明しています――

これは次のように述べているにすぎない。どんなメディア（つまり私たち自身の拡張）の場合でも、それが個人と社会に及ぼす影響は、私たち自身の個々の拡張（つまり新しいテクノロジー）によって私たちの状況に導入される新しいスケールから生じているのだ、と。〔This is merely to say that the personal and social consequences of any medium – that is, of any extension of ourselves – result from the new scale that is introduced into our affairs by each extension of ourselves, or by any new technology.〕（原書七頁、邦訳七頁該当）

――難しい。おおまかに言えば、新しいテクノロジーが出現すると、めぐりめぐって個人も社会も何らかの影響を受けるのだと述べられているようです。でも、なぜ「メディアはメッセージ」なのか。それは直接説明されていません。この説明はむしろ、基礎的な意味を理解した人に向けた発展的な詳述であって、導入としての説明を意図していないのです。なぜ意図していないのか。基本的な意味は自明だからではないでしょうか。つまり、

"The medium is the message." は、読んだとおりに即座に理解できるのではありませんか。ただし、そういう場合、特に英語を母語としない人間は、最初で躓《つまず》いてしまうのです。そこで、この標語を直読直解するには、以下の二点を踏まえたらどうでしょう——

（1）「〜は」ではなく「〜こそが」である。

（2）「メッセージ」と「内容」は違う。

要するに、「メディア＝メッセージ」という等式で考えるのをやめる、ということです。

「〜は」ではなく「〜こそが」である

二〇〇七年六月二十三日（土）の午後、東京大学大学院総合文化研究科（超域文化科学専攻表象文化論コース・駒場キャンパス）で、ある博士論文の公開審査会が行なわれ、合格しました。提出者は門林岳史（日本学術振興会特別研究員）。題名は「メディアの発見——マーシャル・マクルーハンの方法」。マクルーハンを中心に扱った本邦初の博士論文です。

論文はマクルーハンのモダニズムやニュークリティシズムからの影響や、二十世紀半ばのアメリカ社会との関係を検証しながら『メディア論』の精緻な読みを試み、「芸術家になること」を目指したマクルーハンの思想形成を追う刺激的な取り組みで、審査官五名と提出者のあいだで活発な議論が展開しました。その中で、審査官のひとり（佐藤良明）から“The medium is the message.”の日本語表現は、現状の「メディアはメッセージである」でよいのか、いやむしろ「メディアこそがメッセージである」と訳すべきではないのか、という問題提起がありました。*会場では議論には発展しませんでしたが、本質的な問いかけです。傍聴していた私なりの解釈はこうです――

（ア）The medium is a message.（メディアは、メッセージである）
（イ）The medium is the message.（ほかならぬメディアこそが、メッセージである）

「A＝B」のB（message）が不定冠詞による未知の情報（a message）ではなく、既知の情報（the message）であること。つまり、不定冠詞で未知の情報を呈示する通常の「AはBである」という叙述ではなく、Bを既知の情報とし、その未知の情報であるAを示す。つまり「Bであるのは、ほかならぬAである」という強調の文なのです。

だとすれば、「ほかならぬ」の「ほか」とは何でしょうか。実はマクルーハンは明言していました。あの「プレイボーイ・インタヴュー」に答えが隠されていたのです――

＊ 山口裕之も以下のウェブサイトで同様に指摘する．山口裕之「メディア・情報・身体――メディア論の射程」第2回「マクルーハン（1）」，インターネット講座，大阪市立大学，1998年度，〈http://www. tufs.ac.jp/ts/personal/yamaguci/inet_lec/lec02/98med02. html〉，2008年1月7日アクセス．服部桂も「メディアこそがメッセージである」との読み方を示唆する（『メディアの予言者』廣済堂出版，2001年，60頁）．またこれはジョン・M・カルキンの有名な4段階の解釈の第1段階に通じる．『マクルーハン理論』（「読書案内」参照），29頁参照．

内容よりも、メディアこそがメッセージであると私は強調しますが、だからといって、内容がまったく何の役割も果たさないと言いたいわけではありません。〔By stressting that the medium is the message rather than the content [is the message], I'm not suggestig that content plays *no* role.〕

つまり、「内容（コンテント）」が「メッセージ」であるよりは、「メディア」が「メッセージ」である、という宣言です。確かに「内容」も「メッセージ」かもしれないけれど、「メディア」だって「メッセージ」だ、いや、むしろ「メディア」こそが「メッセージ」として強調されるべきなのだ。そう主張しているのです。この発言の続きには、「内容ばかりを強調して、メディアを強調しないでいると、新しいテクノロジーが人間に与える衝撃を関知できず、そこに力を及ぼすこともできますまい」とあります。（なお、門林岳史も博士論文で、「メディアはメッセージである」というプローブは「『コンテントはメッセージである』という等式に揺さぶりをかけているのだ」と指摘していました。*）

ではここで尋ねます。「メッセージ」とは、何ですか？

＊　門林岳史「芸術家になること――マクルーハン『メディアの理解』第一部読解」，『ＵＴＣＰ研究論集』第１号（東京大学21世紀 COE「共生のための国際哲学交流センター」，2004年３月）：27頁参照（博士論文，未刊，25頁に相当）.

「メッセージ」と「内容」は違う

メディア論関連の教科書や研究書にあたると、「メッセージ」を「内容」と同一視して議論を展開する場合が多いのですが、今述べたことからすれば、もはや「メッセージ＝内容」とは言いにくくなりました。確かに「内容」と「メッセージ」には重なり合う部分が大きいと思います。でもマクルーハン本人が、「メッセージ」とはむしろ「メディア」である、と言っているのですから、「内容」と「メッセージ」の違いを把握しておかなくてはなりません。それに、マクルーハンはこんな警告を発しています――「メディアの〝内容〟とは、番犬の気を逸らすために泥棒が用意したおいしい肉のようなものだ」(『メディア論』第1章、原書一八頁、邦訳一八頁該当)。

コミュニケーション論では、「メッセージ」は、送信者から受信者へと伝達される「符号化された内容」を指すことがあります[*]。その基礎的なコミュニケーション・モデルはこうです――送信者側で「内容」が符号化されて「メッセージ」になる。次に経路を運ばれて「メッセージ」は受信者側に届く。受信者は「メッセージ」を解読して「内容」を把握する。

「シャノン＝ウィーバー・モデル」等を代表とするモデルであり、線的(linear)なのが特徴です。つまり、送信者と受信者という二つの点を一本の線で結ぶようなモデルになっ

＊ 例えば，「メッセージ」の項，ピーター・ブルッカー『文化理論用語集』有本健，本橋哲也訳（新曜社，2003年），242頁参照．

ている。これは基本的なモデルとして尊重するべきですが、マクルーハンは批判的です*。でもここでは、彼による批判を紹介する代わりに、私の個人的な意見を二つ言わせてもらいます。

第一に、「メッセージ」には意味づけられた内容のほかに、新たに意味づけを行なう力が秘められていることです。例えば、祝電や弔電を送るとき、電報の文面（内容）よりも、電報という、メッセージを送るという行為そのものに、意味が生じます（第1講で紹介した世界初の電信実験のメッセージだって同じです）。年賀状を元旦に届くように送ろうとする人は、元旦に届くことで相手に訴えかける意味を重視しているのです。また、ある国の元首が紛争地域から駐留軍の撤退を決めたとします。決めた時点でメディアはこれを報道する。やがてゴールデンタイムのテレビ放送に元首が出演しこれを宣言しますが、それまでに「内容」は誰もが知っていて情報的価値はありません。でもテレビで宣言することで、正式に国民全体に宣言する行為そのものが強い訴えかけとなる。それが「メッセージ」なのです。

第二に、「メディア」という名の「メッセージ」の場合、今述べた線的なコミュニケーション・モデルには載らないように思われます。理由は、「メディア」という「メッセージ」に「内容」があるかどうかわからないし、そもそも「メディア」自体の送信者が本来

---

* 『メディアの法則』，118-26頁，参照.

存在しないからです。

通常でも、線的なコミュニケーション・モデルを超えた「メッセージ」は存在します。例えば、ある人に手紙や電子メールを出したが、返事が来ないとき、私たちは来ないという状況を「メッセージ」として受けとめ、理由を考え、勝手に解釈をします（「怒っている」「忙しい」「無言の承認」「届いていない」など）。また「便りがないのはよい便り」という表現を思い出してください。「便りがない」という状況から「無事である」という「よい便り＝メッセージ」を受けとめています。

送り手の存在が不明であっても、コミュニケーションが成り立ち、「メッセージ」が生まれる場合が考えられます。荒井由実（松任谷由実）に「やさしさに包まれたなら」という歌があります＊。

子供の頃には神様がいて、夢をかなえてくれた。おとなになった今でも「やさしい気持ちで目覚めた朝」には「奇蹟はおこる」のだ。歌詞はそんな内容ですが、サビ（盛り上がりの繰り返し）の部分はこうです——

カーテンを開いて　静かな木漏れ陽の
やさしさに包まれたなら　きっと

＊　荒井由実「やさしさに包まれたなら」，シングル盤 東芝EMI ETP-20006, 1974年4月20日発売．別ヴァージョンは，アルバム『MISSLIM』（東芝EMI ETP-72001, 1974年10月5日発売）所収．

目にうつる全てのことは　メッセージ*

——はて、この「メッセージ」の送り手は誰ですか。「神様」が有力です。でも、特定はできない。また「メッセージ」とは何を指しますか。「目にうつる全てのこと」が「メッセージ」だとすれば、この「メッセージ」の「内容」とは何でしょう。わかりません。とにかく、「目にうつる全てのこと」を「メッセージ」として受け取った歌詞の主人公（受信者）は、この状況・環境（過去の履歴を含めて）に基づいて、想像力を発揮して、みずから意味づけをするのではないでしょうか。いや、もしかしたら「目にうつる全てのこと」とは「メディア」ないしは「メディア」が生み出した環境で、それが「メッセージ」となって、知覚を刺激し、感性や思考を促しているのかもしれません。まさに「メディアこそがメッセージである」です。関わる「メディア」そのものが「メッセージ」として私たちに働きかけ、その意味づけを行なうのは私たち自身なのです。

「メディアこそがメッセージである」の章は、こう言ったらわかりやすいかもしれない。どのようなテクノロジーも、新しい人間環境を次第に生み出す傾向がある、と。

---

*　日本音楽著作権協会（出）許諾第0800950-801号.

「メディアこそがメッセージである」とは、電子時代について言えば、まったく新しい環境が創出されるということである。

――どちらも『メディア論』第二版への序文に現われるマクルーハン本人の言葉です。結局、「メディアこそがメッセージである」という「プローブ」は、新しいメディアが登場すると、それが新しい環境を生み出し、私たちを取り込む。その環境とは「メディア」が伝える「内容」以上に力を及ぼすものであり、私たちはそれに対処しなくてはならない。そういう話です。さきほど紹介した、マクルーハンの長い説明（九七頁）も、ここで初めてわかってくるのかもしれません。

ところでメディア（テクノロジー）が私たちに影響を及ぼすことを重視するマクルーハンの考え方は、他の社会的・歴史的・文化的要素を捨象し、また人間の主体性を否定する「技術決定論」（technological determinism）だと批判されることが諸外国でも日本でもあります。そのように受けとめられることを承知で人々を挑発していたふしもありますが、実際には他の要素や人間の主体性も認めていました（例えば、浅見克彦も指摘するように、ヨーロッパと北米で「ラジオ」の影響力が違っていたとマクルーハンは発言しています。本講五八頁参照）。「技術決定論」というラベルは持っていても結構ですが、裏側の紙は剥がさないでとっておいてください[*]。

いずれにせよ、この「プローブ」を起点に展開した第三の著書『メディア論』は、賛否両論の渦を生み出しながら全米でベストセラーとなり、マクルーハンを時代の寵児に仕立てました。マスコミで何度も取り上げられ、解説書まで現われたのです。

メッセージからマッサージへ

それから四年後の一九六七年三月、彼は、かのプローブをもじり、*The Medium is the Massage* というヴィジュアル本を出版しました。『メディアはマッサージである』です（本講四九頁）。なんだこの題名は!?　人々はそう思ったでしょう。駄洒落によって自嘲的な態度をとりつつも、人々にいっそうの思考を強いる新しいプローブです。でも直読直解してもいいじゃないですか。メディアがマッサージするのです。それはやはり新しいメディアでしょう。新しいメディアが、皆さんの知覚をマッサージする。どうやって？　さきほど述べたように、新しいメディアは新しい環境を生み出す。その環境の変化です。つまり、新しいメディアの登場が、新しい環境を生み出し、それにさらされた私たちの知覚が刺激される。特に問題になるのは電子メディアの登場です。精読したテキストを思い出して下さい。電子メディアの登場によって「拡張」され、外界に露出した私たちの中枢神経

＊　「技術決定論」をめぐっては以下を参照．浅見克彦「形態としてのメディア，思考のハイブリッド」，マクルーハン他『グローバル・ヴィレッジ』浅見克彦訳（「読書案内」参照）所収，319-343頁．浅見克彦「マクルーハン理論の「転換」」，『經濟學研究』第53巻第3号（北海道大学，2003年12月）：299-314．粟谷佳司「メディア研究における「空間」の問題――マクルーハン，イニス，グローバライゼーション」，『大阪産業大学経済論集』第6巻第2号（2005年2月）：105-115頁．

系が「不安」にさらされ「外心の呵責」にさいなまれるのが現代なのです。

この『メディアはマッサージである』は、学者のあいだでは顰蹙を買いつつも、マスコミの受けはよく、話題を呼びました。マクルーハンの意図はどうあれ、活字文化の終わりと電子メディア時代の到来を強く訴える本となり、マクルーハンは新時代の予言者として世俗的な認知をも得たと思われます。同年五月には、マクルーハンの朗読とさまざまな音をコラージュした同名のLPレコード版も発売され、電子メディア時代の「メッセージ」を補強したのです（ちなみにレコード版は、ポピュラー音楽の名プロデューサー、ジョン・サイモンが手がけたものです。ある意味では前衛的な芸術作品であり、当時どれほど理解されたかはともかく、二十世紀末になって、DJなど、新しいパフォーマンスを求めるアーティストのあいだで評価されるようになりました）。*

さて、「メディアはメッセージである」いや「メディアこそがメッセージである」というプローブの意味はつかめましたでしょうか。新しいメディアの登場に伴う環境の変化そのものが「メッセージ」となって、私たちに影響を及ぼすのであり、それは「マッサージ」ですらあるのです。

しかし、私の説明（答え）は、忘れてもかまいません。「メディアは（こそが）メッセー

---

* *The Medium is the Massage*, Columbia Records CS 9501 (stereo) / CL 2701 (mono), 1967.〔CD化：『メディア・イズ・ザ・マッサージ――マーシャル・マクルーハン feat. ジョン・サイモン』ソニー・レコーズ SRCS 8912, 1999年4月（廃盤）〕

ジである」というプローブ（問いかけ）自体はきっと忘れないでしょう？　それでいいんです。問いかけを思い出したときに、答えはまた考えてください。ニーチェの「神は死んだ」も、言ってみれば、プローブです。これをきちんと説明できる人は少ない。でも、問いかけは誰もが知っているし、忘れ去られることはない。繰り返し思い出され、人々は意味を考える。思想は滅びない。「メディアは（こそが）メッセージである」も同じです。問いかけは滅びない。マクルーハンが気になる存在であり続けているのも、そこなのです。

ところで、第1講でテキスト「外心の呵責」を読んだとき、あえて保留にしておいた問題が二つあります。それは「地球村」と「芸術家」のことです。この二つをめぐる議論は、最後の授業、第3講で取り上げましょう。

第3講　ジョン・レノンと地球村

「ベッド・イン」キャンペーン

マクルーハンのオフィス、長年にわたって所長を務めたトロント大学文化技術センターは、トロント市内のクイーンズ・パークという公園の東にありました。古いコーチハウス（馬車置き場）を改造した二階建ての建物で、一九六八年にそこに移転しました。マクルーハンの死後は「マクルーハン・プログラム」と名を変えて、今も同じ場所にあります。

六九年十二月二十日（土）の午後、そこに白いロールスロイスで乗りつけた男女がいました。ビートルズのメンバーの一人、ジョン・レノン（一九四〇―一九八〇）と、その妻でアーティストのオノ・ヨーコ（一九三三年生）です。第3講はこのエピソードから始めましょう。

三年前に知り合ったジョンとヨーコはこの六九年の三月二十日に結婚。前年より開始していた「ラヴ・アンド・ピース」の平和運動の一環として、二十五日からアムステルダム

The Ottawa Citizen

PAY HIKE IN MPS' DREAMS?

CS language units 'ghettos'

Trudeau modifies B-B proposal

Ontario hits back

Inflation struggle will hit cities—PM

Lottery cash being returned by Montreal

Lennon and Yoko pay peace call on Trudeau today

PM—'a beautiful person'

Christmas gift plan rejected by Hanoi

On the inside

REAL COOL CHRISTMAS

Pilotless jet slams

『オタワ・シティズン』紙（1969年12月23日付）第1面．写真右はトルドー首相

トロント市内，クイーンズ・パークのそばにあるマクルーハンのオフィス
（現「マクルーハン・プログラム」）〔宮澤淳一撮影〕

のヒルトン・ホテルで「ベッド・イン」と呼ばれる有名な平和運動を開始します。

当時は泥沼化するベトナム戦争のさなかでした。この「ベッド・イン」とは、スイート・ルームのベッドの上から記者会見を行ない反戦・平和を訴えるというもので、マスコミが率先的に運動を報道してくれることを狙っていました。

アムステルダムの「ベッド・イン」は一週間で終了。その後の二人が再開の場所に選んだのはカナダでした。米国への入国を拒否された二人はトロントから入国して数日滞在、その後モントリオールのクイーン・エリザベス・ホテルに移り、五月二十六日から六月二日までの八日間、そこのスイート・ルームで「ベッド・イン」を実行しました。連日たくさんの報道関係者と対面し、また全米各地のラジオ局の電話インタヴューに応じたそうです。これも激しい賛否両論を招きましたが、米国と地続きのカナダなら、発言が逐一「国境の南」に報道されるという意味で、効果的なキャンペーンだったと言えましょう（その際に関係者とともに録音した歌〈ギヴ・ピース・ア・チャンス〉は有名です）。その後二人は九月に再度訪加し、トロントでのロック・フェスティヴァルに出演。そして三度目の訪加となったのが十二月でした。

十二月十六日、ジョンとヨーコがカナダ入りしたその日、「戦争は終わりだ！／あなたさえ望むなら」（War is Over !/If You Want It）の看板やポスターが世界の十一都市で掲示されます。二人は翌日、これについてトロントで記者会見をし、広告キャンペーンを宣言します。この年の瀬のカナダ滞在中に彼らが得た最大の成果は、二十三日に実現したカナダ首相ピエール・トルドーとの会見でしたが、その三日前のマクルーハンとの会見も重要な出来事でした。両方とも報道メディアが反応し、「メッセージ」として機能したのです。マクルーハンとの会見を仕掛けたのは米国のテレビ局CBSで、同局のカメラも入りました。マクルーハン（当時五十八歳）は、茶色のスーツ、白いシャツ、茶色のネクタイの姿。黒い衣装で揃えた二人を出迎えたのです。

ジョン・レノン対マクルーハン

マクルーハンとの会見の内容は、当時の新聞・雑誌記事から、ある程度再構成できます。*それは「激しい四十五分間」の会見でした。マクルーハンは「マシンガンのようにメッセージを連射」し、二人は「つま先立ちをしたまま」それに耐えたそうです。

ただしマクルーハンは二人に好意的でした。まず、二人がカナダという国を反戦平和運動の拠点に選んだ点を支持します。いわく、カナダにはナショナル・アイデンティティが欠如している分、目標の持てない国だ。よって何も実行しないし、挫折もないから、攻撃性もあまりない、と（マクルーハンの「カナダ論」にはあとで立ち戻ります）。

＊　以下にオタワの各種新聞雑誌記事の転載あり．“Trudeau Meets Lennon,” 〈http://beatles. ncf. ca/trudeau. html〉, accessed January 8, 2008. ただし主たる情報源は以下．Ritchie Yorke,“ John, Yoko and Year One,” *Rolling Stone*, no. 51（February 7, 1970）: 18-23.〔途中の対談部分のみ邦訳あり：「対談　ジョン・レノン対マーシャル・マクルーハン」（訳者無記名），『ぶっく・れびゅう』第１号（特集「ジョン・レノンと洋子」日本書評センター，1970年４月）：7-13頁〕

あるいはマクルーハンは、ロック・フェスティヴァルが活発化・大規模化する状況をめぐって奇想天外な分析を披露します。いわく、それは人々の欲求不満が高まるためで、そもそも欲求不満はアドレナリンの分泌を盛んにし、諸器官を拡大する。だから恐竜も敵に囲まれ、巨大化して、滅亡した。米国も英国も同じ運命で、アドレナリンが尽きるときに歌が変わる。「英国について言えば、ビートルズの音楽はアドレナリンの最後の分泌であり、それは平和と満足の始まりでもある。」そんな調子です。

意表を突くマクルーハンの発言に、ジョンは誠実に対応しました——

マクルーハン：言語とは、どもりが組織化されたものです。話すときには、まさに音を細切れにする。ところが歌うときにはどもりません。つまり、歌とは、言語を長く延ばして、調和のとれたパターンやサイクルに変える方法なのです。歌の中の言語についてどうお考えになりますか？

ジョン：言語も歌も、空気の振動には違いありませんが、私にとってはどちらも夢を説明するためにあります。私たちはテレパシーなどの能力を持っていません。だから、互いに夢を説明し、互いの知識を確かめ、互いの内面にあると信じるものを確かめあおうとする。どもってしまうのは本当です。言葉では無理です。どうやっても、言葉では思いどおりには話せません。
マクルーハン：歌う方がコミュニケーションがうまくいくと感じるのですね。
ジョン：ええ、言語は不向きです。

これは「話し言葉」と「歌」という二つのメディアの違いを議論していると言えます。またこの対話には、ビートルズという存在が「パターン化」あるいは「記念館化」しつつあることをジョンが危惧し、ビートルズを「廃棄するべきだ」と主張している箇所もあります。実際、ビートルズの面々の結束がゆるみつつあった時期です（解散は翌七〇年）。すると次の部分はどのように聞こえるでしょうか――

マクルーハン：私たちが新しいリズム、新しいパターンのやり方に移行しつつあることについてはどう思いますか？
ジョン：完全な自由を意味します。聴衆、音楽家、演奏家、誰からも何も期待されない。とにかく完全な自由です。それが数百年続いたならば、パターンや区切りや音楽を演奏することについて再び語りあうことができるかもしれない。私たちがこの数千年間に築き上げてきたパターンを捨てるのです。

マクルーハンとしては、人間の中枢神経系が「外心の呵責」にさらされる新しい電子メディア時代の諸変化全般を示唆していたと思われますが、ジョンの発言は、当時、ビートルズから離れてヨーコとともに始めていた前衛的な音楽活動を念頭に置いたものかもしれません。ジョンが特にマクルーハンの思想に感化されて「電子メディアの時代」の到来を意識していたかどうかはわかりません。しかしこの対話には、マクルーハンの言葉にも促され、従来の伝統の束縛や、人々の凝り固まった発想から解放された芸術活動の探求を公言する芸術家の姿があります。ここで懸案の「芸術家」が出てきましたが、その問題はあとにして、対話の続きをみましょう——

マクルーハン：おや、それは私たちの世界の脱中心化において、大きな意味がありますね。

ジョン：ええ。私たちはひとつの国になって互いに助け合わなくてはいけない。別に「みんな一緒だ」なんて書いたバッジをつける必要はありません。みんな一緒ならもう本当に一緒なのです。スタンプや旗が一緒にするのではないのですよ、人々をね。

ここから「地球村」という表現を思い出すかもしれません。テキスト「外心の呵責」8には**「電子メディアは、世界を収縮させ、一個の部族すなわち村にする」**という記述がありました。マクルーハンの見解はともかく、ベトナム戦争が泥沼化し、ナイジェリアの内戦（ビアフラ戦争）など、他の地域でも紛争の絶えない六〇年代末に、ジョン・レノンは平和な単一世界の実現を思い描き、運動に励んでいたのです。

マクルーハンはさらにこう続けました——

地球を人工的な環境に取り込むならば、自然を廃棄することになります。そしてこの惑星上のすべてをプログラムする仕事を得る。プログラムしないものはすべて汚染されてしまう。ショー全体を再び取り仕切るのです。エデンの園を、です。

これも「地球村」に関わる発言ですが、「環境」という言葉が加わり、少々やっかいです。あとで戻りましょう。

やがて二人が辞去するとき、外は雪景色になっていました。「お二人がいらして、この玄関も光栄ですよ！」と声をかけるマクルーハンに見送られながら、ジョンとヨーコのロールスロイスはトロント郊外の宿泊先（ロック・ミュージシャンのロニー・ホーキンズ宅）に戻っていったのです。帰りの車内で、ジョンはこう言ったそうです――「お昼を食べたばかりで消化不良のまま、あんなに知的な議論をさせられるとはね。」しかし、この不満は本音ではなかった、実は会見を大いに楽しんだのだ。音楽評論家リッチー・ヨークは『ローリング・ストーン』誌（一九七〇年二月七日号）の報告記事にそう書いています。*

その三日後の十二月二十日、ジョンとヨーコはカナダの首都オタワに赴きました。カナダ首相ピエール・トルドーが二人との会見に応じたのです。十分か十五分の予定の会見は五十分に延長されました。二人とまともに会ってくれた国家元首はトルドーが世界で初めてでした。当時のカナダの地元紙は好意的に報道し、会見後ジョンはこんな言葉を残しています――「トークとは古風かもしれませんが、やはり素晴らしいコミュニケーション手段です。」「トルドー氏のような指導者がもっといれば、世界は平和になるのに。」このように六九年のジョンとヨーコはカナダを拠点に、しかも報道メディアを最大限に活用して、反戦平和運動のメッセージを世界に発信したのです。**

地球村とは

ジョン・レノンとオノ・ヨーコのマクルーハン訪問のエピソードを紹介したのは、私が二人のファンだから、ではありません。マクルーハンを時代に位置づけ、彼の言動の意味

＊　なお，以下のＣＤにはジョンとマクルーハンの12月20日の対話が収録されているとクレジットにあるが，試聴した限りではジョンと別人とのやりとりであって，誤認と考えられる．John Lennon, *Bedism*, Dressed to Kill DRESS 155, rel. ca. 1999.

を、リアルタイムの文脈において確かめたいからです。特に気になるのはマクルーハンのキーワードである「地球村」の意味です。「メディアこそがメッセージである」と並ぶ有名な言葉ですが、実は「地球村」の観念は芸術や芸術家と関係がある。そういう事情を象徴させる意味で、ジョンとヨーコを登場させました。

「地球村（グローバル・ヴィレッジ）」については、二十一世紀の今日、誤解があるようです。それは、マクルーハンが理想郷を予言していたとする理解です。つまり、電子メディア時代になると、コミュニケーション手段の高度な発達の結果、世界がひとつになり、平和な理想郷が生まれるという図式。これを取り上げて、「マクルーハンの予言ははずれた」などとして槍玉に挙げられる。彼の死後、コンピューターが発達し、情報通信のネットワークで世界各地がつながるようになると、世界の混乱や諸問題を取り上げる際、議論の前置きに地球村批判、マクルーハン批判が行なわれるようになったのです。でも、マクルーハン本人の主張を精査した上での議論は少ないようです。

第1講で取り組んだテキスト「外心の呵責」の8を読み返してください。電子メディアはグーテンベルク時代に生まれた個々人を束ね直し、「**世界を収縮させ、一個の部族すなわち村にする**」のです。「**村**」とは、電子メディアによってひとつになった世界です。しかも、そこは「**あらゆることがあらゆる人に同時に起こる場所**」であり、「**起こった瞬間にあ**

＊＊　のちのヨーコはマクルーハンの標語を「哲学的主張」と評価しつつ，それを反転させ，“The Message is the medium.”（メッセージ自体がメディアである）を提唱している．一般の人々は形式にこだわらず，内容重視で積極的に他人とコミュケートして欲しいという主張である．See Yoko Ono, interview by Stéphane Aquin, in *Global Village: The 1960s*, exhibition catalogue (Montreal: The Montreal Museum of Fine Arts, 2003), 168-69; 飯村隆彦『ヨーコ・オノ』(「読書案内」参照)，163-164頁．

らゆる人がそれを知り、それゆえそこに参加する」のです。マクルーハンは『グーテンベルクの銀河系』でも、『メディア論』でも、同じことを語っています。例えば有名なくだりはこうです——

電磁気の発見があらゆる人間活動において同時的な「領域」を再創造したために、人類という家族が「地球村」の諸条件のもとに存在するようになったのは間違いない。私たちは部族の太鼓の響く、単一の収縮された空間に暮らしているのである。

『グーテンベルク』を読み始めると、じきに出てくる箇所です（原書三一頁、邦訳五二頁該当）。ちなみに「領域」（field）が括弧に入っているのは、この記述の前で、物理学の「領域」の理論を援用した考察がなされていたからです（「場」とも訳します）。いずれにせよ、むしろここで注目するべきは「部族の太鼓」（tribal drums）でしょう。

この「部族の太鼓」という表現は第1講で紹介しました。ラジオの代名詞でしたね（五八頁）。マクルーハンによれば、ラジオには部族的な角笛や古代の太鼓の音の反響がこめられていて、それが私たちの深層意識に働きかけるのです（『メディア論』第30章「ラジオ」、原書二九九頁、邦訳三一一頁該当）。つまり、響きによって世界全体がつながっている。もちろん同じ音がそのまま地球の裏側に届くはずがない。電子メディアによって同じ「響き」が世界中に伝達され、共有され、深層意識に訴えて万人を関与させる、ということでしょう。またこれは「聴覚空間」の理論と重なりました。上下・左右・前後の区別なく同時的に包み込む響きの空間、**「聴く行為によって生まれた同時的な関係が作る領域」**（7）です。**「聴覚空間の同時多発性」**は「地球村」の同時多発性でもある。マクルーハンにとっての「地球村」とは、電子メディアによって回復された「聴覚空間」の拡張でもあるのです（それが「新聞の誌面のモザイク」に由来することも思い出してください）。

もうひとつ注目。私たちがすでに「地球村」に「暮らしている」と書かれていることにも気づきましたか。マクルーハンは「予言者」のように思われがちで、「地球村」も「予言」の内容だと受けとめられそうですが、少なくともここでの本人の発言は違います。すべて「現代」のこととして説明を貫いています。だとすれば、「地球村」は一九六〇年代の世界情勢と呼応するはず。ジョン・レノンとオノ・ヨーコが反戦・平和を訴えなくてはならなかった世界。それは理想郷からはほど遠かったのです。

すると六六年の次の発言も頭に入ります。ある批評家（ジョージ・スタイナー）が「地球村」の概念を批判していますよ、とインタヴュアーに指摘されると、それは「大きな勘違い」だとマクルーハンは反発し、こう続けます——

村の条件が整えば整うほど、断絶や分裂や相違点が増します。地球村ではあらゆる点において最大限の不調和を確実にもたらします。統一感や安定感が地球村の特性だなどと思ったことは一度もありません。悪意や嫉妬が増えます。人々のあいだから空間と時間が抜き去られてしまう。人々がいつも深いところで出会う世界なのです。〔……〕部族的な地球村は、いかなるナショナリズムと比べても、はるかに分裂的です。紛争に満ちています。村の本質は分裂（fission）であって、融合（fusion）ではない。〔……〕地球村は理想的な平和や調和を見出すための場所ではない。その正反対です。*

あるいはその十一年後、七七年のインタヴューでこう述べています――「部族的な人々の場合、彼らの主たるスポーツは互いを殺し合うことです。彼らの社会ではそれを年がら年中行なっている。〔……〕人間どうしが近づけば、残虐度は増し、互いに対する忍耐が減ります。〔……〕村人たちはそんなに愛し合うものではない。地球村は非常にきびしい共有領域であり、不愉快な状況です」**。そんなわけで、マクルーハンが「理想郷」を「予言」していた、と断ずるのは二重の誤り、ということになります。

＊ Gerald E. Stearn and Marshall McLuhan, “A Dialogue,” in Gerald E. Stearn, ed., *McLuhan: Hot and Cool* (New York: The Dial Press, 1967), 279-80.

＊＊ Marshall McLuhan, “Violence as Quest for Identity” (1977), in Stephanie McLuhan and David Staines, ed., *Understanding Me* (Toronto: MacClelland & Stewart, 2003), 265.〔邦訳刊行予定〕

本当に「理想郷」ではないのか

ただし、大局的にみれば、マクルーハンは「理想郷」を「予言」していたと言えなくもない。確かにあの「プレイボーイ・インタヴュー」(一九六九年)でも、地球村では「対立や不和の方がずっと起こりやすい」と述べています。しかし、現状の混乱が過渡的であることを匂わせもする(「私たちは深い痛みと悲劇的な自分探しの過渡期に生きていますが、私たち世代の苦しみは生まれ変わるための陣痛なのです」)。そして部族的な「地球村」においては、やがて「話し言葉が消滅し、グローバルな意識がその座に取り変わる」可能性があることを示唆し、また、言語を用いることなく、電気の力で「人間の意識の世界規模の増幅」が起こるであろうとも述べる。そうした変化が神秘的であり、超能力的ですらあることはマクルーハン本人も認めていました。そして「人類という部族が本当に一個の家族となれて、人間の意識が機械文化の拘束から解かれて、宇宙をさすらうことのできる、自由で愉快な世界の入り口に私たちは立っている」とも説いたのです。

「プレイボーイ・インタヴュー」の最終パラグラフにはこう書かれています――

今後数十年間のうちに、この惑星は一個の芸術形式に変わるでしょう。時空を超越した宇宙的調和の中につなぎ止められた新しい人間は、地球という人工物のあらゆる側面を、芸術作品さながらに、感性豊かに扱い、造型し、パターン化するでしょうし、人間自身も生きた芸術形式となります。これから長い道のりですし、星々のみが停車駅ですが、私たちはすでに旅を始めているのです。[……]

地球が「芸術形式」(art form)に変わるという発想と論理は、この「インタヴュー」では十分に説明されていません。この授業の後半で「環境」と「芸術」の問題を扱ってから取り上げますので、今ここでは、「芸術形式」をマクルーハンが考えた未来の地球のあり方だとのみ把握しておいてください。

こうしてみると、「地球村」の特徴は以下の三点に要約できます――

(1)同時多発性(各地でさまざまなことが同時発生、即時の伝幡、万人の参加・関与)

(2)混迷の世界(現状認識・非予言性)。

(3)過渡期(未来への期待)。

結局、「地球村」をめぐるマクルーハンの発言は「予言」なのでしょうか。そして、もしも「予言」だとすれば、「予言」は当たったのか、はずれたのか、まだこれからなのか――。つまり、いつ「過渡期」が終わり、新しい世界が成就すると見ていたのか。

そもそも「過渡期」をめぐるマクルーハンの説明には「揺れ」があります。同じ「プレイボーイ・インタヴュー」でも、「地球村」の誕生に伴う急激な変化が「暴力や戦争」という「痛み」を伴うことを認めながらも、「新しい社会は古い社会の灰の中からすばやく飛び出しつつあるので、多くの人が予想する過渡的な無秩序は防げるでしょう」と述べている箇所もあります。同じ「過渡期」でも、本当の無秩序はまだ到来していなくて、しかもそれが防げるような口振りです。では、二十一世紀の今日、もうマクルーハンが想定していた時期は過ぎてしまったのか、それともこれからくるのか――。これも何とも言えません。少なくとも私は、断言するに足る論拠をもっていません。

とにかく、マクルーハンは理想郷を思い描いていた面もあったけれども、「地球村」は基本的には混迷の世界という現状認識であって、その本質は「同時多発性」にあった。周囲で誤解をしている人がいたら、そのあたりの知識を提供して差し上げてください。

そして私の関心は別にあります。「地球村」をめぐる発言は、同時代の人々にどのように受けとめられ、またどんな影響を及ぼしたのでしょうか。その「効果」をいくつかの実例でみてみます。

グレン・グールドの受けとめた「地球村」

マクルーハンの同時代人で、「地球村」の観念を適切に理解した人物として、グレン・グールド（一九三二―一九八二）を挙げます。グールドは個性的なピアニストでしたが、電子メディアを用いた音楽活動の可能性を信じて一九六四年（当時三十二歳）に演奏会活動を引退し、以後、録音と放送番組を中心とするスタジオでの音楽活動に専念しました。引退の翌年に発表した論文「録音の将来」（The Prospects of Recording）の中で、マクルーハンの「地球村」に触れています。[*] トロントで生まれ育ったグールドは、マクルーハンの著作をリアルタイムで読んでいたし、個人的にも交流がありました（主に六〇年代、マクルーハンの研究室や自宅を訪ねたり、電話で話したり、と盛んだったようです）。そんなグールドは、「地球村」の本質が同時性（同時多発性）にあることを正しく理解しています。彼の場合、理解した上で、「地球村」の結果として現われる状況のひとつを芸術家の立場から嘆いたのです。

グールドはドストエフスキーの長篇小説『カラマーゾフの兄弟』（一八八〇年刊）から第二部第六編に出てくるゾシマ長老の説教を引用します（ロシア語で書かれた作品ですが、グールドが読み、引用したのはコンスタンス・ガーネットによる代表的な英訳です。グールドのつかんだニュアンスを尊重するために、ここでは重訳で示します）――

＊ Glenn Gould, “The Prospects of Recording”(1965), in Tim Page, ed., *The Glenn Gould Reader* (New York : Knopf, 1985), 349.〔グレン・グールド「レコーディングの将来」，ティム・ペイジ編『グレン・グールド著作集2――パフォーマンスとメディア』野水瑞穂訳（みすず書房，1990年），165頁該当〕

遠いへだたりが克服され、思想が宙を飛んでいくのだから、世界の一体化は強まり、友愛の結びつきはさらに密になる。そんな主張をする者がいる。ああ、そのような一体化など信じてはならない。*

「電子文化の驚くべき予見」(an astonishing preview of electronic culture) とグールドはこの部分を評しています。これはマクルーハンの警告する「地球村」像と重なる。つまり、ゾシマ長老は、マクルーハン同様、「地球村」を調和や友愛の場とは見ていない (おもしろいのは、意図的に粗暴さを示す作曲家ムソルグスキーの音楽が、このゾシマ長老の「メッセージ」を体現しているとグールドが言い切るところです)。

電子時代になると、西洋的伝統とは「同期しない」(out of sync) 諸文化の音楽がどんどん紹介されます (新聞記事のモザイクのイメージです)。つまり、例えば、時間的 (歴史的) にズレのあるロシア音楽 (ムソルグスキーを含む) などがそうです。ところが人々はこれに耐えられなくなる傾向にある。グールドはそう考えました。こうしたズレを、時代遅れだとか、つまらないとか、禁欲的だと非難したり、そのエキゾチズムの魅力を忘れてしまうのだそうです。そういう意味で、マクルーハン教授の「地球村の概念」には「不安にさ

* グールドの手元にあった版は特定できないが, 以下のペーパーバックに該当個所あり. Fyodor Dostoyevsky, *The Brothers Karamazov*, translated by Constance Garnett (New York : Modern Library Paperbacks, Random House, ca.1950), 376.

せられる」(alarming) とグールドは言います。ここでの「概念」とは、南極の米国観測基地のあるマクマード湾からロシアの不凍港ムルマンスクまで、あるいは台湾から米国のタコマまで、世界中のあらゆる場所が「同時に反応すること」(the simultaneity of response) です(つまり「地球村＝聴覚空間」での即時の伝幡です)。それに「不安にさせられる」といっても、別にマクルーハンにケチをつけているのではありませんし、マクルーハンの提唱した「地球村」という見方自体を批判しているのでもない。ただグールドは、「地球村」という見方の存在を仮に認めた上で、それの同時性が効力を発揮した結果に懸念を表明しているだけなのです。

懸念は何か。グールドは述べます――「マクマード湾にいる誰かが、たとえ〝同期していない〟としても、たとえ接触がないとしても、モーツァルトが思いつかなかったようなまったく新しいハ長調の使い方を編み出すかもしれないのだ。」結局、グールドは、地球村の本質である同時性によって、世界中の音楽が似たり寄ったりの没個性的なものになってしまわないかと懸念し、嘆いたのです。これは音楽に限らず、芸術全般にも危惧されることです。いや、文化全般でしょうか。特定の国の文化や特定の企業の製品が国際標準のように世界各国に浸透する状況を思い浮かべてみてください。

では、果たしてグールドは、同時性を特徴とするマクルーハンの「地球村」が本当に到来したと実感していたのでしょうか。それはわかりません。むしろグールドの関心は電子時代の音楽社会の変化にありました。録音芸術においては、「作曲家―演奏家―聴衆」の役割分担が崩れ、それまで聴くばかりであった末端の聴衆が録音の編集プロセスに関与し、「参加度」を高めていくと。その図式について、グールドはマクルーハンとも議論し、意見を共有しました。* また「参加度」が高まると、聴衆のすべてが芸術家となり、生活と芸術の区別が消えるのであって、芸術行為は専門の職業としての意義を失う。そう主張しました（「録音の将来」の末尾）。これは過渡期以降の「地球村」に住む人々の意識の超越や地球の「芸術形式化」を説いたマクルーハンの説明に通じるものがあるかもしれない。そう言う意味では、マクルーハンと同じ「地球村」を認識し、電子メディアをめぐって同じ理想を抱いていたのかもしれません。**

マリー・シェーファーの「サウンドスケープ」

マクルーハンと意見を共有した人物で次に気になるのは、「サウンドスケープ」の提唱者として知られるカナダの作曲家R・マリー・シェーファー（一九三三年生）です。グールドと同じピアノの先生にも就いていたシェーファーは、ロイヤル音楽院（トロント）で作曲を学び、さらにトロント大学で文学や哲学や美術等を修め、マクルーハンのセ

＊「メディアとメッセージ――マーシャル・マクルーハンとの対話」，ジョン・ロバーツ編『グレン・グールド発言集』宮澤淳一訳（みすず書房，2005年）所収，247-69頁，参照．

＊＊ 本講と論点は異なるが，グールドや，後述するシェイファー，ケージ，フルクサス等とマクルーハンとの関係は，リチャード・キャヴェルが先駆的に総覧している．See Richard Cavell, *McLuhan in Space: A Cultural Geography* (Toronto: University of Toronto Press, 2002).

ミナーにも出入りしていました（ただし、まだメディア論で有名になる以前の英文学者マクルーハンのもとに、です）。

「サウンド（音）」と「ランドスケープ（風景）」を合成した用語「サウンドスケープ」（soundscape）とは、あえて訳せば「音の風景」です。これは私たちの生きる空間を「聴く」という行為から認識し直す発想で、シェーファーは六〇年代末頃からこれを提唱し始めました。作曲家の可能性追求の問題（西洋近代音楽の伝統をどう乗り越えるか）だけでなく、騒音問題を含めた環境問題への意識等がここにこめられていますが、シェーファー本人も認めているように、マクルーハンの「聴覚空間」の理論に影響されています。つまり、グーテンベルク時代の「視覚空間」ではなく、電子メディアの登場によって諸感覚が復権して回復される「聴覚空間」です。

マクルーハンの場合、電子メディア時代になり、（ラジオなどの力によって）私たちは「聴覚空間」に自然に移行したように説明をしていましたが、シェーファーの「サウンドスケープ」は、むしろ能動的に回復するべき空間です。「聴く」という行為を反省し、感覚を研ぎ澄まし、よりよい音環境を作っていくための基本概念として「サウンドスケープ」を位置づけています。「イヤー・クリーニング（耳掃除）」と名づけた啓蒙的な「耳の教育」や、「サウンドスケープ・デザイン」に基づく作曲、都市の環境整備等の実践的な活動にシェーファーや後継者たちの熱意は注がれていったのです。

さて「地球村」ですが、同時的で混乱に満ちた一個の村になった地球という見方にシェーファーは特に触れていません。それでも、彼の主著『世界の調律』（一九七七年）の第二部で、「産業革命」と「電気革命」を経て、「ローファイなサウンドスケープ」が「拡張」されたことを論じているくだりは関連があるかもしれません。電気音響学用語を転用した「ローファイ」（Lo-Fi）とは「ハイファイ」（Hi-Fi）の逆で、SN比（シグナルとノイズの音量の比率）が悪く、信号が過密で互いの音をかき消したり、明瞭さを欠く「低忠実度」の音環境を意味します。「産業革命」が多くの音を生み出し、自然の音や人間の音を遮るようになったことを「不幸な結果」（unhappy consequences）だと述べています。*

「電気革命」はこれをさらに拡張したばかりか、特に電話、蓄音機、ラジオが大きな変化をもたらしたとシェーファーは書いています。これらのテクノロジーは、音を、その生まれた場所から、空間的、時間的に切り離した。その状況をシェーファーは「音分裂症」（schizophonia）と呼び、「超現実的なサウンドスケープ」を生み出したことを淡々と指摘しています。

そうした指摘が批判に転じないのは、シェーファーは、電子メディアそのものを否定することよりも、むしろ共存しつつ、地道な音環境の整備や「耳の教育」を進めることに関

* R. Murray Schafer, *The Tuning of the World* (New York: Knopf 1977), 71ff.〔邦訳，167頁以下該当，「読書案内」参照〕

心があるからかもしれません。同時に、「地球村」の規模を超えた、宇宙全体の音の調和といったものを理想にしていることも、彼の寛容な態度を支えているのでしょう。

いずれにせよ、書簡などからもうかがえますし、[*]シェーファー本人も語っていることですが、[**]生前のマクルーハンはシェーファーの仕事を評価していました。その仕事の根本にマクルーハン経由の「聴覚空間」の理論や文学的な想像力があり、それらの発想や素養を積極的に「拡張」したからではないでしょうか。

ジョン・ケージの傾倒

ジョン・ケージ、と言われてピンときますか？　音楽に「偶然性」や「沈黙」を持ち込み、西洋音楽を転倒させた米国の作曲家（一九一二—一九九二）です。占いの易《えき》を応用して、音を選び、響きを創り出す《易の音楽》（五一年）や、《四分三三秒》（五二年）という、舞台に出たピアニストが、四分三十三秒間ただ沈黙しているだけの作品が特に有名です。ピアノの弦のあいだに異物を挟み込み、打楽器に改造した「プリペアド・ピアノ」を作ったり、図形楽譜や電子機器を導入したりもしました。主著『サイレンス』（六一年）等、膨大な文章も書き残し、仏教哲学者の鈴木大拙（一八七〇—一九六六）との交流から、禅や東洋思想の影響もうかがわれます。

---

*　Marshall McLuhan to R. Murray Schafer, December 16, 1974, in Matie Molinaro, Corinne McLuhan and William Toye, ed., *Letters of Marshall McLuhan* (Toronto: Oxford University Press, 1987), 507-8.

**　鳥越けい子, マリー・シェーファー講演会（聖心女子大学, 2006年11月17日）の報告,『サウンド・スケープ』第9巻（2007年8月）: 74頁.

ケージは、ジョイス、デュシャン、そしてマクルーハンにも傾倒していました。マクルーハンの名前は著作に頻繁に現われ、「地球村」という言葉も好んで使った。正確な時期は不明ですが、二人は遅くとも六〇年代のなかばには交流を始めており、マクルーハンも何度かケージに言及していて、ヴィジュアル本『メディアはマッサージである』(六七年)にも言葉の引用があります(原書一一九頁)。

マクルーハンの没後に出た研究書にケージは「序文」を寄せました。* それによると、あるとき、ニューヨーク近代美術館の学芸員ミルドレッド・コンスタンティンという女性にマクルーハンの存在を教えられたそうです。その後ケージが夢中になったのはマクルーハンが六三年に発表した文章です。その文章を皆さんはすでに知っています。第1講で読んだ「外心の呵責」です。

それはマクルーハンの著作のうちで「最も凝縮され、いろいろな点で最高の作かもしれない。」ケージは六五年十二月五日のインタヴュー(イェール大学美術建築学部)でそう述べた。説明はこう続きます――

とても短い文章です。彼「マクルーハン」は、自分の議論の前提のひとつ、見解のひとつに言及しています。その見解とは、誰もが正しいと認めると思いますが、今や、

* John Cage, introduction to George Sanderson and Frank Macdonald, ed., *Marshall McLuhan: The Man and His Message* (Golden, Colo.: Fulcrum, 1989), no pagination.

あらゆる場所であらゆることが一度に起こる、ということです。あらゆる情報がまさにあらゆる場所にある。つまり、私たちはこの世界に部分的にではなく全面的に関与して暮らしている。職業は、それが金のためであれば、部分的な関与だから時代遅れです。芸術家や詩人など——そう、学者も含めましょうか——彼らの職業は部分的な関与ではなく全面的な関与なのです。これは昔からそうです。この電子時代に時間を費やす唯一の現実的な方法は、自分のやっていることに全面的に関与することです。それがあなたを芸術家にするなら、素晴らしいですよ。*

この説明だけではわかりにくい。テキスト「外心の呵責」のパラグラフ[7]以下を再読してください。「あらゆる場所であらゆることが一度に起こる」(everything is happening at once everywhere) とは、パラグラフ[8]にもほぼ同様の表現があったように、電子時代に一個にまとまった「地球村」の最大の特徴である**「同時多発性」**を意味します。**「同時多発性」**から直接導かれるわけではありませんが、「地球村」の時代には、もはや部分的な職業(グーテンベルク時代の**「細分化と専門化」**)は時代遅れであって、これからはものごとに対する「全面的な関与」が求められる。しかもそれは芸術家・詩人・学者の仕事ぶりにほかならない。そういう内容が凝縮されています。

---

* John Cage, "Questions," *Perspecta: The Yale Architectural Journal* 11 (New Haven: The Yale University School of Art and Architecture, 1967) : 66.

ケージが「外心の呵責」に言及したのは一度だけではありません。例えば、七六年にフランス語で出版されたインタヴュー形式の著作『小鳥たちのために』でも「外心の呵責」を褒めちぎっています。彼がこのマクルーハンの小文から読みとったのは「何が起こっても、あらゆる場所に一度に押し寄せる」（whatever happens surges forth everywhere at once）という考えであり、これがマクルーハンの「全著作の基礎」かもしれないとまで述べています。*

それにしても、なぜケージはことさらに**「同時多発性」**に引き寄せられたのでしょうか。六一年、彼は《私たちはどこへ行くのか？　私たちは何をするのか？》（*Where Are We Going, What Are We doing?*）という作品を書き、初演しました。四つの講演の声が同時に進む形式の作品です。本人によると、そこにこめたのは「私たちの諸体験は、それらが同時発生的（all at once）に起こると私たちの理解力を超える」という主張でした。**「それは、今や、一度にひとつずつではなく、あらゆることが同時に起こるという、まさにマクルーハンの主張を念頭に置いたものだった。」ケージはそう述懐しています。***

その述懐は「マクルーハンの影響」という小文（六七年）に含まれています。早くも六一年の時点でマクルーハンを知り、その思想に影響を受けていたらしい。

結局、同時多発性の浸透した電子メディア時代において、中枢神経系の外化した私たち

---

*　John Cage, *For the Birds*, in conversation with Daniel Charles (Boston : M. Boyars, 1981), 225.〔フランス語版に基づく邦訳，236頁該当，「読書案内」参照〕

**　John Cage, *Silence : Lectures and Writings* (Middletown, Conn. : Wesleyan University Press, 1961, 194.〔邦訳は「読書案内」参照〕

***　John Cage,“ McLuhan's Influence,” written on Jauary 11, 1967, in Richard Kostelanetz, ed., *John Cage : Documentary Monographs in Modern Art* (New York : Praeger Publishers, 1970), 170.

の知覚・思考・環境の必然的な変化をどのように積極的に受け入れ、また逆に働きかけていくか。それをケージは考えた。マクルーハンの「外心の呵責」は、その状況をコンパクトにまとめており、ケージにとって、再読し、再認識をし、この**「不安な時代」**にあって、「どこへ行き、何をする」のかを、つまりみずからの芸術活動を展望するのに格好のテキストだった、ということでしょう。

同時多発性とハプニング

ただし、これは、ケージがマクルーハンに新しい世界を教わったのではなく、自分の考えや実践との共通点を見つけ、芸術活動を意義づけられたということだと思います。確かにマクルーハンの「同時多発性」とは、電子メディアによって即時に情報が伝達され、連鎖的にものごとが起こる状況も含みますが、その根本は、キュビスムの絵画や、互いに無関係な記事がひしめく新聞紙面の喩えで再三説明したように、複数のものごとが同時に出現する、という構図です。別の見方をすれば、それは偶然性の世界です。何の脈絡もなくものごとがあちこちで起こったり、何かが現われ、人々はそこに関与させられる。ジョン・ケージが一九五〇年代以降探求してきたのは、そうした偶然性を音楽に持ち込むこと、つまり、偶然に起こるすべてを受け入れることでした。前述の《四分三三秒》も、演奏会の舞台でピアニストが何も弾かない状況で何が自然に起こるのか、聴衆はそこでいかなる反応し、それがいかなる環境を生み出すのか、聴衆と環境の相互関係はどうなっていくのか——そうしたこと全体を「音楽」とみなした。「私たちの行なうことはすべて音楽である」とは『メディアはマッサージである』でマクルーハンが引用したケージの言葉です（出典不明）。「同時多発性」の地球村の世界とそこに全面的に関与していく人間の姿は、ケージの環境的な「音楽」のイメージと重なったのです。

偶然性を求めるケージの発想と実践は、音楽に限らず、芸術全般に影響を及ぼし、新しい芸術運動を導きました。「ハプニング」とそれに続く「フルクサス」です（後述）。

五九年、ケージにも師事した芸術家アラン・カプロー（一九二七―二〇〇六）は、個展「六つの部分からなる十八のハプニング」をニューヨークのルーベン画廊で行ないます。カーテンで六つに区切られた画廊の内部には絵や事物が配置されていたり、ライトが点滅していたりする。そして個々の部屋で指定された行為がなされる。それ全体が「ハプニング」であり、鑑賞者はそうした「環境」を体験すると同時に「ハプニング」の一部となる。これが一回性、非再現性を特徴としたパフォーマンスによる芸術表現「ハプニング」の始まりでした。そこでは、自発的で、起こるべくして起こる何か、が重視されます＊。

マクルーハンも「ハプニング」（Happening）に言及しています——

＊　先駆的な紹介としては，中原佑介「ハプニング・体験としての芸術」; 秋山邦晴「ハプニングの歴史と世界のハプナーたち」,『美術手帖』第301号（1968年８月）: 79-89頁; 91-107頁参照.

電子回路は［……］同時的な場を生み出します。それが生み出すのは最近「ハプニング」として知られているものです。「ハプニング」とはすべてが同時に起こる世界であり、そこでは出来事《イヴェント》の連鎖も継続もありません。（インタヴュー、一九六六年*）

それ［世界］は深い関与を伴った、全面的に再部族化された世界になります。ラジオ、テレビ、コンピューターを通じて、私たちはすでに世界全体がハプニングであるような地球劇場（global theater）にすでに入場しているのです。（「プレイボーイ・インタヴュー」一九六九年）

「地球村」は同時多発性であり、それは芸術のハプニングにほかならない。ジョン・ケージが「地球村」に展望を見出し、そのような頭の整理をさせてくれるマクルーハンに夢中にならないはずがありません。

ケージの夢は膨らみます。小文「マクルーハンの影響」はこう続きます——

私たちは電気的発明のかずかずの効果を受けながら生活をしている。実はこれらの発

---

* "An Interview with Marshall McLuhan," taped talk with Eli Bornstein, *The Structurist* (University of Saskatchewan), no. 6 (June 1966), 65.

明が中枢神経系の外化を導いた。それはこういう意味だと思います。かつてヨガや座禅や芸術行為などの実に魅力的な活動の訓練を通じて精神を変化させることで人生を耐え得るものとしてきましたが、今や精神の変化が社会化すること、変化は避けられないこと、バックミンスター・フラーが実践するように、思考と設計によって包括的に加速されうることです。今や私たちの暮らす世界は一個のグローバルな精神（a global mind）なのです。この精神がユートピアとしてまとまる可能性が存在する。私たちは、共有する頭脳を用いれば、競い合ったり殺し合ったりする代わりに、生きることに忠実な人間になれるのである。*

ずいぶん建設的な認識です。ケージは同時多発性の世界を、危機感ではなく、もっぱら期待や希望をもって受け入れ、「グローバルな精神」が平和を導く将来の可能性を強調しています。厳密にはマクルーハンの「地球村」とは違いますが、マクルーハンが「地球村」の将来に求めた理想とは重なります。

地球村と宇宙船地球号

もっとも、理想的な地球像を思い描くここでのケージは、バックミンスター・フラー

* Cage," McLuhan's Influence," 170-71.

（一八九五—一九八三）の思想にも影響を受けていると思われます。「バッキー」の愛称で親しまれたフラーは米国の科学者・建築家・デザイナーです。テクノロジーをめぐる未来学者として、一九六〇年代にマクルーハンとともに脚光を浴びました（マクルーハンとの交流もあり、彼はフラーを「現代のレオナルド・ダ・ヴィンチ」と呼んだそうです）。ケージとは、四八年、ノース・カロライナ州の芸術学校ブラック・マウンテン・カレッジでともに学生の指導にあたって以来の間柄でした。

バッキーはまた、発明家であり思想家でした。最小のエネルギーで最大の効果を生み出す設計の発想を「ダイマクション」と名づけ、それに基づいた自動車や住宅、「テンセグリティ」という骨格構造システムによる球体建造物（ジオデシック・ドーム）などを考案しました。彼はまた、「宇宙船地球号」（the Spaceship Earth）という概念の提唱者として知られるように、地球規模のデザインと環境保全を構想し、多くの著作でもそれを訴えました（「宇宙船地球号」は、五一年に初めて提唱*）。

さっきのケージの引用に「グローバルな精神」という表現が出てきましたが、「グローバル」という言葉は、フラー本人は自分の理論と実践を形容する際には使わなかったそうです。**その意味ではケージの説明とフラーの思想とは慎重に摺り合わせをしないといけないのですが、いずれにせよ、テクノロジーを肯定して地球規模・宇宙規模の包括的なデザ

＊　ヨアヒム・クラウセ，クロード・リヒテンシュタイン編『バックミンスター・フラー　アート・デザイン・サイエンス』神奈川県立近代美術館，愛知県美術館，ワタリウム美術館（イッシ・プレス，2002年），33頁．

＊＊　梶川泰司，「バックミンスター・フラー　すべてを語る」（インタヴュー）第1回のための解説，『美術手帖』第814号（2002年1月）：127頁．

インと共生を目指すフラーの姿勢はケージに影響を与えました。そしてケージは、フラーとマクルーハンの思想と用語法を融合させてしまったらしく、頻繁に二人について一緒に言及しました。そして、「私たちはフラーとマクルーハンが絶えず指摘するように、地球村に住んでいるのです」（一九六六年）[*]と述べたり、「この前の四月、私は武満徹に、眞樹（彼の三歳の娘）は合衆国をどう考えているのかと尋ねた。彼は答えた。日本の一部だと考えているよ。［……］私たちは地球村（バックミンスター・フラー、H・マーシャル・マクルーハン）に住んでいるのだから、眞樹は正しい」[**]というさりげない書き方もします。さらには「バッキーの包括的にデザインされた地球村の観念」[***]という言い方までしています。ケージの頭の「地球村」では、混迷の世界という現状認識の発想は忘れられ、そこはどちらかといえば理想郷寄りの世界になっていた。ケージの「地球村」認識は、楽天的で素直です。

一人歩きの本質

「地球村」は、マクルーハンの口から発せられた瞬間から一人歩きしたのです。受け手のひとりひとりが「地球村」から自分なりの「メッセージ」を創出してきました。フラーの肯定的なニュアンスが付与されなかったとしても、地球全体が村になる、という発想自体に夢があります。「村」に和やかな雰囲気がまず感じられるからでしょう。だから注釈

---

* Richard Kostelnetz, *Conversing with Cage*, second ed. (New York : Routledge, 2003), 43.

** John Cage, *A Year From Monday: New Lectures and Writings* (London : Marion Boyars, 1968), 33.

*** Richard Kostelanetz," Conversation with John Cage," in Richard Kostelanetz, ed., *John Cage : Documentary Monographs in Modern Art* (New York : Praeger Publishers, 1970), 9.

を伴わない限りは平和な理想郷と受けとめられるのは当然だったのかもしれません。

また、マクルーハン本人にも原因があった。まず、マクルーハンの「地球村」を説明するときの調子は、ある意味でさりげない。同時多発性を説明するばかりで、理想郷ではないことに触れるわけではない。インタヴュー等で問われれば否定する程度で、そのように受けとめられることに激しく反発していたわけでもない。理想郷として了解されてしまう「地球村」を黙認していたのかもしれません。また、マクルーハンは環境芸術論とでも呼ぶべき考えを同時に表明していました。それが「地球村」の概念と重なり、「地球村」の肯定的なイメージを増幅した可能性もあります。

では、その環境芸術論とはいかなるものだったのでしょうか——。それを論じる前に、フラーとマクルーハンの違いを、両者の古くからの友人だった米国の経営学者ピーター・ドラッカーの言葉を回想録より引いておきましょう——

バッキー・フラーにとって、テクノロジーは天国のハーモニーだった。人間を完成させる道とはテクノロジーである。[……]バッキーの世界は汎神論で、普遍的なテクノロジーとの合一によって自分の神性に近づこうとする。

マーシャル・マクルーハンにとって、テクノロジーはあくまで人間のものであって、神のものではない。テクノロジーは人間の拡張である。［……］人間の自己完結したものであって、それを通して自分を拡張し、変化させ、成長させ、何かになる。*

テクノロジーに対する幻滅と敵対心が支配していた六〇年代から七〇年代前半に、テクノロジーを「発見」し、意味づけを行なったのがこの二人だった。ドラッカーの回想録にはそうした説明も含まれています。ジョン・ケージはそこにも魅せられたのでしょうか。

反環境としてのカナダ（早期警戒システム）

一九六五年十月二十一日からの三日間、南イリノイ大学で「ヴィジョン'65」という名の国際学会が開催されました。「人間のコミュニケーションのための新しい取り組み」（New Challenges for Human Communication）という副題のもと、世界各国の著名人約三十名が集いました。その中にはマクルーハンもフラーも含まれていました（当時のフラーはこの大学の教授でした。なお、日本からは六四年の東京オリンピックに貢献したデザイン評論家の勝見勝が参加）。

DEW《デュー》・ライン、すなわち早期警戒システムの国から御挨拶申し上げます。カナダは早

* Peter F. Drucker, *Adventures of a Bystander* (New York : Harper & Row, 1979), 244-45.〔P・F・ドラッカー『ドラッカーわが軌跡――知の巨人の秘められた交流』上田惇生訳（ダイヤモンド社，2006年），266-67頁該当〕

期警戒システムの役割を秘めているかもしれません。*

これはマクルーハンが講演で発した第一声です。奇妙な挨拶です。しかし、ここにマクルーハンの環境論、環境芸術論、さらには芸術家論のエッセンスが含まれています。

DEWライン（DEW Line）とは、遠距離早期警戒レーダー網（Distant Early Warning Line）という意味です。第二次世界大戦後に冷戦時代がありました。つまり、米国を中心とする西側諸国とソ連を中心とする共産圏が一触即発の敵対関係にあった二十世紀後半の約四十数年間です。一九五四年から五七年までに、米国とカナダは、アラスカからバフィン島にわたる北緯七〇度線付近（大半がカナダ領）に沿って、計二十二箇所にレーダー基地を共同で設置しました。北極の反対側のソ連から飛来するかもしれないミサイルや戦闘機を「早期」に察知するためです。（ちなみに、各基地でレーダーを入れた網の目状のドームには、バッキー・フラーの発明したジオデシック・ドームが採用され、フラー・ドームと呼ばれるようになりました。）

DEWラインの存在は、青空に対する潜在的な恐怖心（いつミサイルが飛んでくるか）をカナダ人に植えつけることになった。作家のダグラス・クープランドはそう述べています。** しかし、マクルーハンはDEWラインの意味を反転させた。レーダー網の価値を肯定的に

＊ Marshall McLuhan,“ Address at Vision 65 ”（1966）, in *Essential McLuhan*, edited by Eric McLuhan and Frank Zingrone（Toronto : Anansi, 1995）, 219-32.〔「人間の新しい環境――「ビジョン一九六五年」での演説」田口統吾訳，『日米フォーラム』第12巻第22号（1966年11月）：40-54頁該当〕

＊＊ Douglas Coupland, *Souvenir of Canada*（Vancouver : Douglas & McIntyre, 2002）, 23.

捉え直し、現在や未来の変化をいちはやく察知する営みに喩えた。つまりメタファーです。それればかりではない。このレーダー網を擁するカナダという国こそは「文化とテクノロジーの遠距離早期警戒システム」だ。そう説いたのです。

そしてここからが環境論です。新しいテクノロジー（メディア）が生まれると、新しい環境が生まれる。それが「メディアこそがメッセージである」の本質でした（第2講一〇四頁参照）。この場合、「環境」とは、私たちを取り囲み、私たちに影響を及ぼす空間や状況の領域を指します。しかし、「環境」の内部にいる者には「環境」を知覚できない（「水を初めて見つけたのが誰かは知らないが、魚でないのは確かだ」という喩えをマクルーハンは好みました）。新しいテクノロジーの登場で、「新しい環境」が生まれると、人々の目にはそれまでの「古い環境」が見えるばかりである。でもそれでは手遅れで、人々の知覚は脅かされ、「新しい環境」に適応できず、「渦巻き」に翻弄される危険がある。そうならないためには日頃から「環境」を知り、「環境」の変化に備えるべきだ。そこで役に立つものとしてマクルーハンが持ち出すのが「反環境」（anti-environment）です。

「反環境」という言葉をマクルーハンは定義することなしに、しかも頻繁に用いました。常識的に考えれば、本来の「環境」を知るために、そこから抜け出て、新たに身を置くべき異質で特殊な環境だ、とみなせましょう。ただし、後述しますが、その領域は「環境」

の内部に存在したり、また、空間的ではなく、事物であったりもします。
今や米国が世界全体の「環境」になっている。そのため、世界を正しく認識するためには、「反環境」が必要だ。その役割を担えるのがカナダなのだ。という主張です。確かに米国は政治・経済・軍事・文化等において強力な国ですが、世界全体の「環境」になっているというのは言い過ぎに思えます。結局、マクルーハンのこの発言は、北米における米国の覇権を意識しつつ、米国人に向けて述べられたことを考慮するべきでしょう。七七年に公刊した論文「カナダ――境界例」で、マクルーハンはこう書いています――

合衆国が世界の環境となった今、カナダは、多くの小さな国々が米国をいっそう好ましく思い、さらに理解を深めるための反環境となった。反環境は環境を理解可能なものにするために欠くことができない。カナダには目標も方向性もない。しかし、アメリカの国民性やアメリカ的な経験の実に多くを共有しているために、カナダ人はどこにいても、対話や接触の役割をまったく自然なものとして受け入れている。アメリカ的な流儀を共有しながらも、アメリカの目標に加担せず、アメリカの責任を負わないおかげで、カナダ人は、超然とした知的態度をもってアメリカの運命を観察し、それを解釈できるのである。*

* Marshall McLuhan, "Canada : The Borderline Case," in David Staines, ed., *The Canadian Imagination : Dimensions of a Literary Culture* (Cambridge, Mass.: Harvard University Press, 1977), 227.〔『グローバル・ヴィレッジ』と『マクルーハン発言集』にも転載され，邦訳あり．「読書案内」参照〕

ジョン・レノンとオノ・ヨーコに語った「目標の持てない国」としてのカナダとは、まさにアメリカの目標や責任に関与せずに観察し、解釈する「反環境」としてのカナダだったのです。

ただし、DEWラインというメタファーには、釈然としないかもしれません。米国主導でカナダ全土に設置されたレーダー網は、北方向（ソ連）を警戒するためでしたが、マクルーハンの場合は反対に南方向（米国）を探っているからです。この反転を「詰めが甘い」とみるか、見事な「転用」とみるかは判断が分かれるでしょう。メタファーとは要するに喩え話であり、未知のものごとを説明・理解するのに便利です。でも、何をどのように喩えているのか把握しにくいことがある。マクルーハン本人の説明が結局よくわからないのは、メタファーの多義性や曖昧さに攪乱されるためでもあるのかもしれません。

環境が芸術になるとき

話を「ヴィジョン'65」に戻します。DEWラインから始めたマクルーハンが議論を展開するのは「環境」と「芸術」の問題です。

内容の半分はもう説明済みです。新しいテクノロジー（メディア）が登場すると、新しい環境が生まれ、私たちを取り込む。しかし私たちに「新しい環境」は知覚できない。見えてくるのは「古い環境」である（第1講で取り上げたバックミラーの喩えにも通じます）。マクルーハンはさらなる主張をします。直接引用をする代わりに、その主張を要約すれば、こういうことです――

古い環境は芸術形式に変わり、新しい環境の内容となる。

例えば、映画とテレビ。テレビが現われ、テレビの「深夜劇場」で古い映画が放映されるようになる。それは本来は「環境」であった映画が、テレビという「新しい環境」に取り込まれ、その「内容」となったことを意味する。そのとき「かつて環境的で目に見えなかった映画の形式は、芸術形式に、実際、評価の高い芸術形式として再生した」のだ。マクルーハンはそう主張します。

ここで疑問点を二つ指摘できましょう。まず、「芸術形式」(art form)とは何でしょうか。ここでマクルーハンは説明なしに使っています。とりあえず、何らかの秩序をもって構成された美的な表現内容、と考えておきましょう。文学や芸術では何を表現するかも大切ですが、どのように表現するかも大切です。美的価値や芸術性は、むしろ「どのように」の方に関わってきます。「どのように」が一定の秩序をもって構成されたものが「形式」ですが、マクルーハンの呼ぶ「芸術形式」とは、「形式」そのものだけではなく、その「形式」に入れられた内容を含めた表現の総体をも指しています。いや、思い切って「芸術形式」の後半の二文字を削り、「芸術」と書いた方が適切かもしれません。古い環境は「芸術」として認められるのです。映画であれば、それまで芸術的価値が認められていなかったのが、テレビの「内容」として取り込まれて初めて芸術とみなされるようになった（という主張です）。

第二に、なぜ映画やテレビが「環境」なのでしょうか。この講座で皆さんと共有するようになった知識からすれば、映画やテレビは「メディア」（テクノロジー）のはず。でも、この場合は「テクノロジー＝メディア＝環境」と、三つを等号で結んでかまいません。私たちの身体の拡張である「テクノロジー」は「メディア」そのものですが、その「メディア」を体験しているときの私たちは、そこに関与しており、そこに包み込まれているようなものです。そういう意味で、「メディア」は、私たちを取り囲む「環境」なのです。すると、次の要約もできます――

古いメディアは芸術形式に変わり、新しいメディアの内容になる。

マクルーハンはこの図式をもとに、大胆かつ大雑把な自説を展開します。ある特定の時代（環境）の芸術に含まれた「内容＝芸術形式」は、そのひとつ前の時代（環境）の世界だった、という説です。例えば、ルネサンス時代の文学・芸術（例えばシェイクスピア劇）の「内容」は中世。十九世紀に扱われた「内容」はルネサンス。二十世紀の「内容」は十九世紀。あるいは、産業革命（十八世紀）による機械化（新しい環境）で自然（古い環境）が発見され、芸術の「内容」に取り込まれた（それがロマン主義運動だ、とマクルーハンは説明します）。そして電気的テクノロジー（新しい環境）の「内容」は機械（古い環境）です。二十世紀の抽象芸術も、機械時代を「内容」として取り込んだ電子時代の産物なのです（『メディア論』の「ペーパーバック版への序文」にも詳しい）。

すると、マクルーハンの最初の著作『機械の花嫁』（五一年）の意義も、改めて見えてきます。題材となった広告とは、機械時代に発達・成熟した文化。電子時代に入ったからこそ、見えるようになった古いメディアの現象だった。広告文化こそは、電子時代の「芸術形式＝内容」なのです。

反環境を生み出す芸術家

すると結論はこうでしょうか。新しい環境（メディア）が現われたときに、古い環境（メディア）が転じて生まれるのが「芸術」なのである、と。うーん、そうとは限らない。確かに（マクルーハンに従えば）、古い環境は「芸術形式」に転じますが、「芸術」と呼べるのはそれだけではない。新しい環境が到来するとすぐに生まれる「芸術」もあります。マクルーハンが評価するのはむしろそうした芸術であり、また、それを担う「真剣な芸術家」(serious artist) あるいは「ひたむきな芸術家」(dedicated artist) です。

テキスト「外心の呵責」の12（最終パラグラフ）にはこうありました——**「古いテクノロジーに慣れきった社会に新しいテクノロジーが押し寄せると、あらゆる種類の不安が生まれる。」** この「不安」とは、電子テクノロジー（メディア＝環境）によって拡張され、外に出てしまった私たちの中枢神経系が味わう「外心の呵責」です。これは「感覚比率」の変化と「感覚麻痺」によって私たちが受ける悪影響を指しますが、「真剣な芸術家」はそれに対して「無傷でいられる唯一の人間」です（『メディア論』原書一八頁、邦訳一九頁該当）。そして、通常の人には見えない新しい環境（メディア）の本質をつかむ。マクルーハンは『メディア論』でこう述べています——

文化とテクノロジーは変容の衝撃力で私たちに挑んでくるが、芸術家は、事態が生じ

る数十年前に、そのメッセージを察知する。（原書六五頁、邦訳六七頁該当）

そしてそれに基づいていちはやく芸術作品を生み出す。それは新しい環境（メディア）の到来を告げる「警報」でもあり、また、環境の変化に耐えられるようにするための「免疫」でもある。

「環境」というキーワードから整理し直せば、こうなります。「（真剣な）芸術家」は、新しい環境（メディア）の到来を察知し、環境と対峙し、直観的にその本質を見抜き、芸術作品に託す。彼の「芸術」とは「新しい環境」を目に見えるようにする領域を構成します。それをマクルーハンは「反環境」と呼びました。「反環境」としての芸術は、早期警戒システムとして作動する。芸術家本人は、いわば、システムのレーダーなのです。そしてマクルーハン本人は詩人エズラ・パウンドの言葉を借用して、芸術家を「種族のアンテナ」と呼んでいます（『メディア論』の「ペーパーバック版への序文」）。

ではこれまでどんな芸術家が「アンテナ」となり、「反環境」を作ってきたのでしょうか。ボードレールやマラルメといった十九世紀フランス象徴派詩人、作家ポー、ジョイス、画家のピカソ（キュビスム）、デュシャン、不条理演劇のベケット、実存主義哲学のサルトル……。また、相対性理論のアインシュタイン、量子力学のハイゼンベルクといった科学者の名もマクルーハンの著作には登場します。彼らはみな「芸術家」です。マクルーハンは「芸術家」を広い意味で捉えていたのです。『メディア論』(原書六五頁、邦訳六八頁該当)では、こう総括しています――

芸術家とは、自然科学であれ、人文科学であれ、分野を問わず、自分の行動と同時代の新しい知識とを把握する人間である。彼は統合的な意識の持ち主である。

マクルーハンは彼ら「芸術家」たちの作品や見解をさまざまに言及・評釈しました。どれも熟読に値しますが、マクルーハンの考察は、究極的には二つの主張に帰着します――

(1) 電子メディアの到来が「新しい環境」を生み出すこと。
(2)「新しい環境」の特徴とは「同時多発性」であること。

この (1) は「メディアこそがメッセージである」のことです。(2) は「地球村」の有り様です。今まであまりはっきり説明してきませんでしたが、この二点はつながっていて、そこにマクルーハンの主張の本質が存在します[*]。マクルーハンは「芸術家」が生み出

---

* これらの主張は，マクルーハンの教え子だった高校教師バリー・ダンカンなどにより，カナダでのメディア・リテラシー教育最初期（1970年前後の映画教育）に適用が試みられた．例えばアーサー・リプセット（Arthur Lipsett）の実験映画 *Very Nice, Very Nice*（1961年）の理解に同時多発性とハプニングの概念を導入した指導案が残っている．Barry Duncan, “Screen Study Guides,” *The English Exchange* 11, no. 3 (1969): 8-13. 詳しくは上杉嘉見『カナダのメディア・リテラシー教育』（明石書店，2008年），100-4頁参照．

す「反環境」からの「警報」としてこれらの議論を導き、展開した。その意味で「統合的な意識の持ち主」であったマクルーハン本人は、広い意味での「芸術家」であったのです。

フルクサスと日本の美術界

さきほどの「ハプニング」を拡張させた前衛芸術運動・集団が一九六〇年代にありました。「フルクサス」(Fluxus)です。これはもともとラテン語で、「流れる、流す、下剤をかける」という意味で、確立された芸術やその権威に下剤をかけてやろう、という姿勢がここから類推できると思います。米国の芸術家ジョージ・マチューナス(一九三一―一九七八)が主唱者となって、美術、音楽、舞踏、演劇、映画、詩などさまざまなジャンルの多国籍の芸術家がゆるやかに集いました。舞台でピアノを鋸で切ったり、街頭でひたすらヴァイオリンを磨き続けたり、「私を見よ」と書いた黒板をもって座っていたり、といった、非芸術的な行為を含め、ジャンルにとらわれない多様な表現行為をしました。* ただし、ダダイズムなどとは違い、どこかユーモラスでジョークをこめた表現であるところが特徴的です。参加者は多国にわたり、ジョージ・ブレクト、ジャック・ヒギンズ、ラ・モンテ・ヤング、ヨーゼフ・ボイス、日本からは、靉嘔《あいおう》、久保田成子、小杉武久、塩見允枝子《みえこ》、一柳慧……そしてオノ・ヨーコも忘れてはいけません。**

---

* 秋山，前掲，101-102頁参照.

** フルクサスには属さないが，彼らとも交流のあった日本の実験映画の草分けのひとり，飯村隆彦（1937年生まれ）もマクルーハンに刺激を受け，『メディアはマッサージである』の映像化として，1968年に『カメラ・マッサージ』（16ミリ，モノクロ，6分）を作っている.

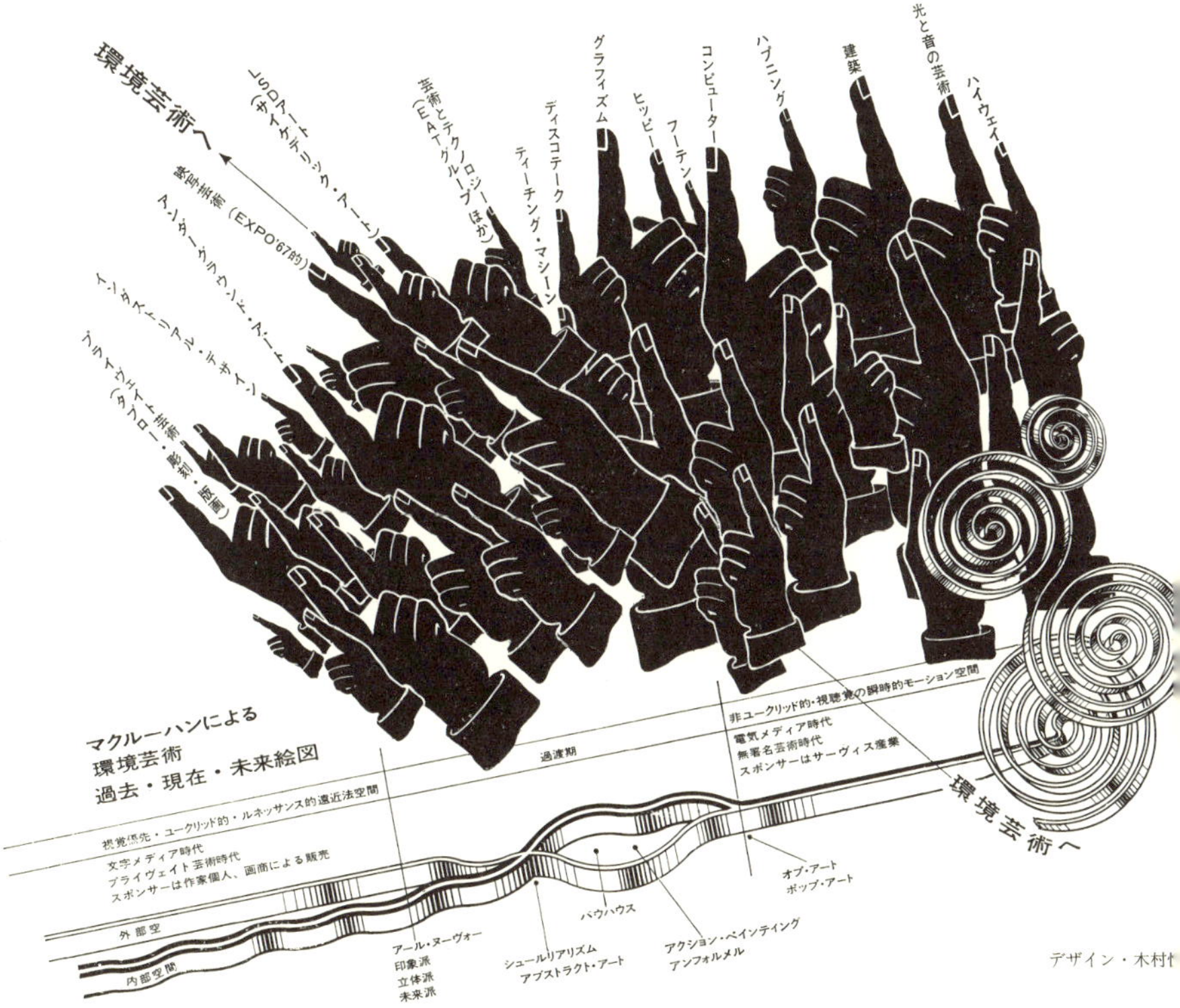

環境芸術へ
LSDアート
(サイケデリック・アート)
芸術とテクノロジー
(EATグループほか)
ディスコテーク
ティーチング・マシーン
グラフィズム
ヒッピー
フーテン
コンピューター
ハプニング
建築
光と音の芸術
ハイウェイ
映写芸術(EXPO'67的)
アンダーグラウンド・アート
インダストリアル・デザイン
プライヴェイト芸術
(タブロー・彫刻・版画)
マクルーハンによる
環境芸術
過去・現在・未来絵図
視覚優先・ユークリッド的・ルネッサンス的遠近法空間
文字メディア時代
プライヴェイト芸術時代
スポンサーは作家個人、画商による販売
過渡期
非ユークリッド的・視聴覚の瞬時的モーション空間
電気メディア時代
無署名芸術時代
スポンサーはサーヴィス産業
環境芸術へ
外部空
内部空間
アール・ヌーヴォー
印象派
立体派
未来派
シュールリアリズム
アブストラクト・アート
バウハウス
アクション・ペインティング
アンフォルメル
オプ・アート
ポップ・アート

デザイン・木村恒

フルクサスの人々それぞれがどの程度マクルーハンを意識していたかはわかりませんが、日本の美術界は鋭敏でした。『美術手帖』第二九一号（一九六七年十二月）は「マクルーハン理論と現代芸術」という特集を組み、美術評論家たちが集いました。日向あき子（一九三〇―二〇〇二）が「電気情報時代の芸術――マクルーハンにみるユリシーズ性の回復」と題して長大な論文を寄稿し、ポップ・カルチャーや環境芸術の理論家としてマクルーハンを位置づけたのです。さらに東野芳明、宮川淳、後藤和彦（この人のみ美術評論家ではありませんが）が主要著作ガイドを執筆してこれを補強しました。各種芸術の位置関係を示した折り込みの図版「マクルーハンによる環境芸術　過去・現在・未来絵図」（デザイン・木村恒久）（一五五頁参照）も壮観で、美術の分野でマクルーハンがどれほど期待されたかがうかがえます。竹村健一と後藤和彦それぞれによる論文が掲載された『放送朝日』六六年八月号が日本初のマクルーハン紹介であり、ベストセラーとなった竹村健一『マクルーハンの世界』（講談社）が六七年八月刊行だったことからすれば、この反応は遅くはありませんでした。その後『芸術新潮』六九年一月号が「マクルーハンが西欧絵画に与えた言葉」と題して、詩と絵画における空間論をまとめたマクルーハンとハーリー・パーカーの共著『消失点を通って』*の部分紹介（藤枝晃雄訳・解説）を載せましたが、すでに「マクルーハン旋風」は過ぎ去っていました。日向あき子はその後も多くの著書でマクルーハンに

* Marshall McLuhan and Harley Parker, *Through the Vanishing Point : Space in Poetry and Painting* (New York: Harper & Row, 1968).

言及し、情熱を表明し続けましたが、マクルーハンが没した翌年の八一年五月に現われた彼女の小文の題名は印象的です。それは「たった一人の、マクルーハン追悼」でした(『早稲田文学』通巻六〇号)。

ナム・ジュン・パイク

フルクサスに戻りますが、このグループの中で、マクルーハンを強く意識していた人がいます。ヴィデオ・アートの始祖として知られる韓国出身のナム・ジュン・パイク(白南準/一九三二―二〇〇六)です。*

パイクは日本とドイツで音楽を学んだ人ですが、ハプニングのパフォーマンスを好み、やがてテレビ受像機をさまざまに扱うヴィデオ・アートに傾斜していきました。一九六八年には『マクルーハン・ケージド』(McLuhan Caged)という作品があります。マクルーハンの映し出されたテレビ画面に強力な磁石を近づけ、彼の顔をゆがませていく、という実践で、マクルーハンに対するオマージュと受けとめられます。「ケージド」とは「檻に入れられた」という意味ですが、ジョン・ケージの名前もかけていることは明らかでしょう。実際パイクはジョン・ケージとも親しく、パフォーマンスで舞台から飛び降り、客席にいたケージをつかまえ、そのネクタイをハサミで切ってしまったエピソードは有名です(そ

* マクルーハンがパイクに言及した記録はないが,パイクの常連共演者でチェロ奏者のシャーロット・モーマン(Charlotte Moorman)の写真が『メディアはマッサージである』に掲載されている.原書96頁,邦訳96頁.

れにちなみ、ニューヨークのパイクの葬儀では、参列者が互いのネクタイを鋏で切り、棺に収めたそうです。報道によれば、最初に甥のケン・パイク・ハクタのネクタイを切ったのは葬儀を執り進めたオノ・ヨーコでした）。*

パイクはマクルーハンに頻繁に言及し、その思想への傾倒ぶりを語り、「ノーバート・ウィーナーとマーシャル・マクルーハン」（六七年）という小論まで書いていますが、**パイクがマクルーハンをいちばん励みにしたのは、芸術家がアンテナである、という芸術論と、「地球村」の（肯定的・展望的な意味での）観念です。

一九八四年一月、米国、フランス、西ドイツ、韓国等を衛星中継した『グッド・モーニング・ミスター・オーウェル』というテレビ番組をパイクは企画制作しました。英国の作家ジョージ・オーウェルが小説『一九八四年』（一九四八年）に描いたのは近未来の全体主義・管理社会の悲劇でしたが、電子メディアのネットワークは世界をそのようなものにはしなかったという「メッセージ」を送ったのです。八六年、今度は米国（ニューヨーク）、日本（東京）、韓国（ソウル）を中継し、『バイ・バイ・キップリング』を実現しました。アルヴィン・エイリー、デイヴィッド・ヴァン・ティーゲム、ルー・リード、キース・ヘリング、フィリップ・グラス、三宅一生、横尾忠則、坂本龍一、磯崎新、山海塾、小錦などが出演する豪華な企画で、これは、詩人ラドヤード・キップリングの「東西は決して出会

---

* "Nam June Paik," obituary (born June 20, 1932 ; died January 29, 2006), *The Independent*, February 27, 2006, <http://news. independent. co. uk/people/obituaries/article348001. ece>, accessed January 9, 2008.

** Nam June Paik," Norbert Wiener and Marshall McLuhan," *The Institute of Contemporary Arts Bulletin*, no. 172/3 (August-September 1967) : 7-9.〔ナム・ジュン・パイク「ノーバート・ウィーナーとマーシャル・マクルーハン」高島平吾訳，和多利志津子監修『「バイ・バイ・キップリング」ナム・ジュン・パイク』（リクルート出版部，1986年）所収，92-97頁〕

わない」という内容の詩を否定する狙いがありました。マクルーハンは、人工衛星スプートニクが打ち上げられた時点で、地球全体が電子メディアの「内容」となり「芸術形式」になったと繰り返し述べていました。パイクは「芸術形式」となった地球、いや「地球村」のコミュニケーション・ネットワークそのものをヴィデオ・アートというメディアによって、世界に示したのです*。

マクルーハンの「地球村」概念の第二要素である「混迷の世界」という現状認識をパイクはきちんと理解した上で、世界はそれを克服したと考えていたのでしょうか。あるいはナイーヴに「地球村＝理想郷」とのみ理解していたのでしょうか。いや、「理想郷」の実現を求める訴えだったのかもしれないし――。これは断言しかねます。また、世界が本当にオーウェルやキップリングをも乗り越えたのかも、二十一世紀の私たちの目から見ると、どうでしょうか。いずれにせよ、マクルーハンの夢をそっくり受け継ぎ、地球を包み込む「メディア」にパイクが託した「メッセージ」は真面目に受けとめるべきでしょう。

ところでマクルーハンは、一九八〇年十二月三十一日未明の睡眠中、脳卒中でこの世を去りました。六十九歳。二年前にやはり脳卒中の発作で倒れ、左脳を損ない、ずっと話すことができなくなっていました。トロント大学文化技術センターも閉鎖され、自宅で静養を続けていたのです。（奇しくもジョン・レノンがニューヨークで凶弾に倒れたのは同じ月の八

* ナム・ジュン・パイク著，伊東順二構成『あさってライト』（PARCO 出版局，1988年）参照．

日のことでした。）七〇年代後半のマクルーハンは、息子エリックとともに、メディア論の再編成を進めていました。その成果である『メディアの法則』が父子の共著として出版されたのは一九八八年、死後八年目のことです。

三回に分けたこの講座は「マクルーハンの光景」と名づけました。結局、マクルーハンが思い描いた世界はどんな「光景」だったのでしょうか。それは「夢」だったのか、「現実」だったのか。二十一世紀の世界はどうですか。想像してみてください。今、皆さんの頭の中にはどんな「光景」が広がっていますか。皆さんは、どこからそれを見ていますか。

読書案内（もっと知りたい人のために）

本講に盛り込めなかったマクルーハンの重要概念、発展して考えたい論点はほかにもあります。日本語で読める主な関連文献を紹介しますので、手がかりとしてください。副題の多くは割愛。刊行年は西暦の下二桁。本講の脚註に示した文献も有用です。研究論文や原書等は、宮澤淳一編「マクルーハン文献目録」（ゴードン『マクルーハン』所収）を参照。絶版書は図書館や古書店で。

マクルーハン本人の著作（原書刊行順、旧版・旧訳は割愛）

『機械の花嫁——産業社会のフォークロア』井坂学訳、新装版、竹内書店新社、九一年。

『マクルーハン理論』カーペンターと共編著、大前正臣、後藤和彦訳、平凡社ライブラリー、〇三年。

『グーテンベルクの銀河系——活字人間の形成』森常治訳、みすず書房、八六年。

『メディア論——人間の拡張の諸相』栗原裕、河本仲聖訳、みすず書房、八七年。

『メディアはマッサージである』フィオーレと共著、南博訳、改訳新版、河出書房新社、九五年。

『地球村の戦争と平和』フィオーレと共著、広瀬英彦訳、番町書房、七二年。

『メディアの法則』E・マクルーハンと共著、中澤豊訳、高山宏監修・序、NTT出版、〇一年。

『グローバル・ヴィレッジ——21世紀の生とメディアの転換』浅見克彦訳、青弓社、〇三年。

『エッセンシャル・マクルーハン』E・マクルーハンほか編、有馬哲夫訳、NTT出版、〇七年。

『マクルーハン発言集（仮題）』S・マクルーハンほか編、宮澤淳一訳、みすず書房（刊行予定）。


マクルーハン関連の研究書より（日本での刊行順に）

大前正臣、後藤和彦、佐藤毅、東野芳明『マクルーハン――その人と理論』大光社、六七年。

ミラー『マクルーハン』猪俣浩訳、新潮社、七三年。

ケルコフ『ポストメディア論』片岡みい子、中澤豊訳、NTT出版、九九年。

レヴィンソン『デジタル・マクルーハン』服部桂訳、NTT出版、〇〇年。

服部桂『メディアの予言者――マクルーハン再発見』廣済堂出版、〇一年。

ゴードン『マクルーハン』宮澤淳一訳、ちくま学芸文庫、〇一年。

中田平『マクルーハンの贈り物』海文堂出版、〇三年（第二版、〇六年）。

ホロックス『マクルーハンとヴァーチャル世界』小畑拓也訳、岩波書店、〇五年。

有馬哲夫『世界のしくみが見える「メディア論」』宝島社新書、〇七年。

ゴードン『マクルーハン伝（仮題）』宮澤淳一訳、NTT出版（刊行予定）。

第1講「マクルーハン精読」から発展して

ジョイス『ユリシーズ』全四巻、丸谷才一、永川玲二、高松雄一訳、集英社文庫、〇三年。

ジョイス『フィネガンズ・ウェイク』全三冊（全四部）、柳瀬尚紀訳、河出文庫、〇四年。

ジョイス『抄訳フィネガンズ・ウェイク』宮田恭子訳、集英社、〇四年。

ウォング『声の文化と文字の文化』桜井直文、林正寛、糟谷啓介訳、藤原書店、九一年。

レイコフとジョンソン『レトリックと人生』渡部昇一、楠瀬淳三、下谷和幸訳、大修館書店、八六年。

吉見俊哉『メディア文化論――メディアを学ぶ人のための15話』有斐閣、〇四年。

キットラー『グラモフォン・フィルム・タイプライター』上・下、石光泰夫、石光耀子訳、ちくま学芸文庫、〇六年。

第2講「メッセージとメディア」から発展して

『大航海』第一七号、特集「マクルーハン再考」新書館、九七年八月（森常治、内田隆三、浜日出夫、佐々木幹郎、湯浅博雄、李孝徳、結城英雄、菊地久一、岡田英弘の論考を収める）。

イニス『メディアの文明史』久保秀幹訳、新曜社、八七年。

カーン『時間の文化史』浅野敏夫、法政大学出版局、九三年。

カーン『空間の文化史』浅野敏夫、久郷丈夫訳、法政大学出版局、九三年。

コックス『キュビスム』田中正之訳、岩波書店、〇三年。

ゴールディング『マルセル・デュシャン　彼女の独身者たちによって裸にされた花嫁、さえも』東野芳明訳、みすず書房、八一年。

末田清子、福田浩子『コミュニケーション学――その展望と視点』松柏社、〇三年
池上嘉彦『詩学と文化記号論』講談社学術文庫、九二年。

吉見俊哉『メディア時代の文化社会学』新曜社、九四年。

北田暁大『〈意味〉への抗い――メディエーションの文化政治学』せりか書房、〇四年。

メイロウィッツ『場所感の喪失』上、安川一、高山啓子、上谷香陽訳、新曜社、〇三年。

第3講 「ジョン・レノンと地球村」から発展して

『文藝別冊ジョン・レノン』河出書房新社、〇〇年（広田寛治の論考を収める）。

飯村隆彦『ヨーコ・オノ――人と作品』増補改訂版、水声社、〇一年。

『「YES オノ・ヨーコ」展』カタログ、朝日新聞社、〇三年。

宮澤淳一『グレン・グールド論』春秋社、〇四年。

シェーファー『世界の調律――サウンドスケープとはなにか』鳥越けい子、小川博司、庄野泰子、田中直子、若尾裕訳。平凡社ライブラリー、〇六年。

鳥越けい子『サウンドスケープ――その思想と実践』鹿島出版会、九七年。

ケージ『サイレンス』柿沼敏江訳、水声社、九六年。

ケージ『小鳥たちのために』青山マミ訳、青土社、八二年。

庄野進『聴取の詩学――J・ケージから、そしてJ・ケージへ』勁草書房、九一年。

ヒギンズ『インターメディアの詩学』岩佐鉄男、庄野泰子、長木誠司、白石美雪訳、国書刊行会、八八年。

フラー『宇宙船地球号操縦マニュアル』芹沢高志訳、ちくま学芸文庫、〇〇年。

フラー『クリティカル・パス』梶川泰司訳、白揚社、〇七年。

水越伸『メディア・ビオトープ――メディアの生態系をデザインする』紀伊國屋書店、〇五年。

上杉嘉見『カナダのメディア・リテラシー教育』明石書店、〇八年。

日向あき子『ポップ文化論』ダイヤモンド社、七三年。

塩見允枝子『フルクサスとは何か――日常とアートを結びつけた人々』フィルムアート社、〇五年。

著者紹介

宮澤淳一（みやざわ・じゅんいち）
一九六三年生まれ。
青山学院大学総合文化政策学部教授。博士（学術）。専門は音楽学・メディア論・文学文化研究。文学・芸術＝メディア＝テクノロジーの諸問題、カナダ研究、文献表記法に関心あり。音楽批評も手がける。著書に『グレン・グールド論』（吉田秀和賞、春秋社）、『チャイコフスキー』（東洋書店）。訳書に『グレン・グールド書簡集』『グレン・グールド発言集』（以上みすず書房）、『マクルーハン』（ちくま学芸文庫）、『戦争』（彩流社）、『リヒテルは語る』（音楽之友社）、『音楽の文章術』（共訳、春秋社）ほか。

理想の教室
マクルーハンの光景　メディア論がみえる

二〇〇八年二月十八日　第一刷発行
二〇二〇年三月十八日　第六刷発行

発行所——株式会社　みすず書房
東京都文京区本郷二—二〇—七
〇三—三八一四—〇一三一（営業）
〇三—三八一五—九一八一（編集）
www.msz.co.jp

本文印刷所——中央精版印刷
表紙・カバー印刷所——
リヒトプランニング
製本所——中央精版印刷

ISBN 978-4-622-08328-3
［マクルーハンのこうけい
メディアろんがみえる］